manual de produção de comerciais

LUZ, CÂMERA, CRIAÇÃO

Tiago Barreto

OBRA ATUALIZADA CONFORME
O **NOVO ACORDO ORTOGRÁFICO**
DA LÍNGUA PORTUGUESA.

Dados Internacionais de Catalogação na Publicação (CIP)
(Câmara Brasileira do Livro, SP, Brasil)

Barreto, Tiago
Manual de produção de comerciais: luz, câmera, criação / Tiago Barreto. – São Paulo: Editora Senac São Paulo, 2016.

Bibliografia.
ISBN 978-85-396-1034-1

1. Filme publicitário – Produção 2. Marketing – Filmes comerciais 3. Propaganda – Filmes comerciais I. Título.

16-361s CDD-659.14
BISAC PER000000
BUS002000
BUS043000

Índice para catálogo sistemático:
1. Filmes publicitários: Produção: Manuais 659.14

manual de produção de comerciais

LUZ, CÂMERA, CRIAÇÃO

Tiago Barreto

Editora Senac São Paulo – São Paulo – 2016

Administração Regional do Senac no Estado de São Paulo

Presidente do Conselho Regional: Abram Szajman
Diretor do Departamento Regional: Luiz Francisco de A. Salgado
Superintendente Universitário e de Desenvolvimento: Luiz Carlos Dourado

Editora Senac São Paulo

Conselho Editorial: Luiz Francisco de A. Salgado
Luiz Carlos Dourado
Darcio Sayad Maia
Lucila Mara Sbrana Sciotti
Jeane Passos de Souza

Gerente/Publisher: Jeane Passos de Souza (jpassos@sp.senac.br)
Coordenação Editorial: Márcia Cavalheiro Rodrigues de Almeida (mcavalhe@sp.senac.br)
Comercial: Marcelo Nogueira da Silva (marcelo.nsilva@sp.senac.br)
Administrativo: Luís Américo Tousi Botelho (luis.tbotelho@sp.senac.br)

Edição de Texto: Ivone P. B. Groenitz
Preparação de Texto: Janaina Lira
Revisão de Texto: Bianca Rocha, Gabriela L. Adami (coord.)
Projeto Gráfico: Antonio Carlos De Angelis
Editoração Eletrônica: Manuela Ribeiro
Capa: Veridiana Freitas
Impressão e Acabamento: Intergraf Indústria Gráfica Eireli

Editora Senac São Paulo
Rua 24 de Maio, 208 – 3º andar – Centro – CEP 01041-000
Caixa Postal 1120 – CEP 01032-970 – São Paulo – SP
Tel. (11) 2187-4450 – Fax (11) 2187-4486
E-mail: editora@sp.senac.br
Home page: http://www.editorasenacsp.com.br

Sumário

Nota do editor 7
Agradecimentos 9
Introdução 11
O comercial publicitário 17
A escolha da produtora 23
A pré-produção 51
A produção 99
A pós-produção 179
Apresentação e fechamento 195
Conclusões 201
Fluxograma da produção 203
Glossário 211
Bibliografia recomendada 217
Índice geral 219

Nota do editor

A produção de um comercial publicitário é como lapidar uma joia. Cada profissional sabe o valor do que tem em suas mãos. Para esse tipo de produção é necessário contar com muito trabalho e criatividade a fim de transformar um roteiro bruto em algo surpreendente.

No *Manual de produção de comerciais: luz, câmera, criação*, o autor busca transmitir seu conhecimento de uma forma prática, por meio de exemplos, ideias e pesquisas sobre a produção de comerciais, passando por todo o processo, desde a idealização até a veiculação do comercial.

O autor, com sua experiência, uniu-se mais uma vez ao Senac São Paulo para lançar este título, com o objetivo de fornecer informações para estudantes e profissionais que pretendem iniciar nessa área de comunicação.

Agradecimentos

Este livro começou a ser concebido em 1998, quando consegui meu primeiro estágio em uma agência de propaganda. A partir daí, trabalhei com diversos profissionais brilhantes – redatores, diretores de arte, diretores de criação, diretores de cena, produtores, fotógrafos –, os quais compartilharam um pouco de sua sabedoria e experiência. Agradeço a todos eles.

Agradeço também à equipe da Editora Senac São Paulo, que acreditou neste projeto quando ainda era apenas uma ideia: Jeane Passos de Souza, Márcia Cavalheiro e Ivone P. B. Groenitz.

Por fim, agradeço especialmente à minha esposa, Leticia, pelo incentivo e compreensão. Enquanto meus filhos a enlouqueciam colocando a casa abaixo, eu me divertia escrevendo.

Introdução

Bem-vindo ao incrível mundo da produção de comerciais. Um mundo onde tudo é possível: pessoas voam, cachorros falam, o tempo passa em fast-forward, mascotes saem de dentro de produtos, tevês se mexem, todos os desodorantes são os mais cheirosos do mundo, atores renomados admitem suas paixões enlouquecidas por marcas famosas e, às vezes, não tão famosas assim. Aqui tudo pode virar realidade. Em alguns segundos criam-se cenários de sonhos e os desejos mais esquecidos dos seres humanos vêm à tona na forma de viagens a *resorts all-inclusive*, torradinhas mais crocantes, esmaltes para unhas mais bonitas, geladeiras *frost-free*, pneus mais resistentes.

Mas como construir essa realidade tão mágica, convincente e inesquecível para o espectador? Aliás, é possível que ela seja tudo isso ao mesmo tempo? Como dar forma a ideias simples e a outras tão surreais? Quem são as pessoas que brincam de Deus, criando ar, terra, animais, packshot? Como transformar em filme tudo o que sai da cabeça dos criativos das agências? O que há por trás dos melhores comerciais de todos os tempos?

Trabalho com propaganda há mais de 15 anos. Apesar de ter escolhido a cadeira de redator, com o tempo essa descrição de cargo vai ficando cada vez menos importante. Acredito que todo publicitário tem de ser muito mais do que o cargo escrito no seu cartão de visita: deve ser designer, psicólogo, vendedor, atendente de *telemarketing*, gerente de loja, feirante. E diretor de cena. Diretor de cena é o título do sujeito que fica atrás das câmeras organizando aquela bagunça toda do set para que o roteiro se transforme em um belo comercial. Assim, depois de anos juntando todas essas profissões em uma só – na profissão de criativo –, percebi com qual delas mais me identifico, além de redator publicitário: diretor de cena.

Já perdi a conta do número de diárias de filmagens em que estive envolvido, colaborando na produção de comerciais para grandes e pequenos clientes. Nacionais e internacionais. Filmes milionários e outros bem baratinhos. E, produção após produção, fui aprendendo na prática e na marra. Muito mais com experiências reais do que com teorias. Sempre perto de grandes diretores, entendi como se faz para transformar uma grande ideia em um comercial memorável. Descobri respostas para intrigantes questões da humanidade. Por exemplo: o que é teleprompter? O que acontece com o roteiro depois que ele sai do computador do redator e chega ao e-mail do RTV? Para que serve o chroma key? Então, com algumas respostas e uma boa dose de experiência, percebi que poderia escrever um livro sobre um assunto que tanta gente gosta. O resultado está aqui.

No *Manual de produção de comerciais: luz, câmera, criação*, cada detalhe do ofício de produção é abordado de maneira muito didática. O formato é bem parecido com o do livro *Manual do roteiro para comerciais: transformando ideias em grandes filmes*. Aliás, este livro que está em suas mãos é praticamente uma continuação daquele. Muitos exemplos são iguais, o que pode ser uma boa maneira de mostrar a você o processo inteiro, começando desde o ponto em que o comercial é apenas uma ideia, passando pela formatação do roteiro, até chegar à filmagem e à veiculação. Todos esses exemplos de vídeos são mostrados por QR Codes. Sugiro que você baixe um bom aplicativo. Mas, se preferir, é só entrar no *blog* http://www.manualdeproducao.wordpress.com, em que você encontrará todos os vídeos citados neste livro.

O conteúdo foi estruturado de forma cronológica, acompanhado de um passo a passo de cada etapa da produção na ordem em que elas acontecem. Cada uma dessas etapas é um capítulo, que está subdividido em diversas outras partes, todas bem explicadas.

No primeiro capítulo, "O comercial publicitário", discorre-se sobre o conceito do comercial. Seus objetivos, o contexto em que está inserido, sua importância dentro do plano de marketing do cliente, os meios de veiculação, o roteiro. É uma visão geral sobre o assunto. O pontapé inicial.

A seguir, na parte "A escolha da produtora", conto para você como se dá este primeiro passo para que o comercial saia como o cliente e a agência imaginaram. É uma parte burocrática, mas essencial.

Depois disso vem o capítulo "A pré-produção". É a fase de conversas, de porquês, de senões, de briefings, de tirar dúvidas, de começar o trabalho prático. É aqui que toda a equipe começa a botar a mão na massa: produtores de cena, produtores de casting, produtores de locação, etc.; é muita gente envolvida.

Então vem o capítulo "A produção". Nessa fase, tudo o que foi conversado e iniciado na pré-produção toma forma. Aprovações diversas são feitas, contratos são fechados, a trilha sonora é construída. E é dentro dessa etapa que acontece o grande momento da produção, o luz, câmera, ação: a gravação do comercial. Você entenderá como funciona o set de filmagem, e tudo o que nele acontece. Contarei quem são as pessoas envolvidas, o que cada uma delas faz, quais são as etapas da filmagem e os assuntos a resolver, no que prestar atenção, como se organiza a agenda do dia.

Depois disso vem o capítulo "A pós-produção". Nessa etapa acontece a edição das cenas gravadas, a montagem do filme, a inserção da trilha sonora, os ajustes de cor, etc. Há realmente muita coisa a fazer. O comercial começa a ganhar corpo, a tomar forma.

E aí, finalmente, no capítulo "Apresentação e fechamento", vem a apresentação ao cliente e o fechamento do filme, com a tão esperada aprovação e a adaptação do material ao formato exigido por cada veículo. Só isso? Não, tem muito mais que isso. Você vai ver.

Produzir um comercial publicitário é como lapidar uma joia. Cada artesão envolvido sabe o valor do que tem em mãos. Do roteiro bruto pode sair algo surpreendente, brilhante. E, como toda joia, o valor é sempre muito alto: as produções hoje em dia não são baratas, e o custo de veiculação não para de subir.

Vamos em frente. O roteiro está aprovado e o anunciante está ansioso. Boa leitura. Boa filmagem. Bom trabalho.

O comercial publicitário

DEFINIÇÃO, CONTEXTO E DESAFIOS

Stanley Kubrick já dizia: "Se uma história não consegue ser bem pensada ou bem escrita, não pode ser filmada". E, tão boa quanto essa máxima, existe a versão do consumidor: se uma história não consegue ser bem pensada ou bem escrita, não entendo bulhufas e não compro seu sabão em pó. Pronto. Está aí o primeiro ponto que define o comercial publicitário: uma história bem pensada, bem escrita, bem filmada. Com começo, meio e fim. Não necessariamente nessa ordem. Com emoção, drama e suspense. Tudo junto. Ou tudo separado. O comercial, em termos acadêmicos, é uma ação dramática contada por meio de uma sequência de imagens ou cenas, para exibição em uma tela. Até aqui, ele se parece muito com um longa-metragem ou até com uma novela das nove, não é? Mas falta o aspecto fundamental: o comercial é feito sempre para vender alguma coisa. Vender um produto, uma ideia, um posicionamento, um candidato político. Vender o peixe, qualquer que seja ele. Com ou sem preço. De maneira explícita ou nas entrelinhas. Mas sempre vende-se alguma coisa.

Há alguns anos, o formato do comercial era aquele visto na tevê ou no cinema, com 30 segundos, geralmente, e uma historinha finalizada pelo conjunto slogan, packshot e call to action. É, mas os tempos mudaram. Ainda bem. Hoje o comercial pode ser exibido na tevê, no cinema, na internet, no *tablet*, no elevador. Pode ter poucos segundos, 30 segundos, 5 minutos ou horas de duração. Às vezes, não tem packshot. Há situações em que mal percebemos que se tratava de um comercial, tamanho o entretenimento propiciado. Sua linguagem e seu formato não param de evoluir, acompanhando mudanças no perfil do target, inovações no meio em que são inseridos e a ousadia cada vez maior – e mais necessária –, de anunciantes, agências e produtoras.

Os desafios são muitos. Todo mundo hoje pode criar e produzir um comercial. Basta uma grande ideia e um pequeno *know-how* de produção que um vídeo caseiro pode virar um grande sucesso na internet, chamando mais a atenção do que produções milionárias. Além disso, a cada vez mais numerosa grade de canais de tevê a cabo nos mostra a segmentação máxima dos diversos perfis de consumidores. Portanto, o ideal é criarmos e produzirmos material específico para cada perfil. Há de se considerar também o ritmo da vida moderna, que leva a novas maneiras de veiculação de comerciais para atrair o consumidor: em mídia exterior, no metrô, na tela do *smartphone*. No Brasil, existe ainda o fator tevê aberta, com seu grande poder de penetração na massa, mantendo-se como o principal meio de lançamento e de sustentação da maioria das campanhas publicitárias. Como se destacar no meio de tantos comerciais? Como conquistar a atenção de um público cada vez mais crítico e mais resistente a ter sua privacidade invadida pelo conteúdo dos anunciantes?

Desde a concepção da ideia até sua produção, é preciso sair do óbvio. Buscar novos formatos, linguagens inovadoras, soluções nunca pensadas. Minisséries, webséries, storytelling, storydoing. Propagandas que começam na tevê e continuam na internet, e vice-versa. Filmes de 5", que são muito mais do que vinhetas. Ideias poderosas em formatos simples. Ideias simples em produções monumentais. Na tevê, no meio de tantos comerciais, o seu deve ser surpreendente, para chamar a atenção. Na internet, deve ser atraente desde o primeiro segundo, para que o internauta não o "pule" com o botão *skip*.

No cinema, precisa ser parte do entretenimento, para disputar a atenção com o balde de pipoca. Em todos os meios, deve provocar impacto, para ser lembrado. Deve ser simples e claro para que a mensagem – aderir a um produto ou a uma marca – seja facilmente entendida e assimilada, levando a uma ação do espectador. Com tudo isso, quem sabe ele até ganhe leões no Festival de Publicidade de Cannes, o principal festival de propaganda no mundo. E, melhor ainda, quem sabe não ganhe também o valioso prêmio "meu filho não parava de falar sobre aquele comercial".

ETAPAS DE REALIZAÇÃO

A realização do comercial publicitário começa quando o cliente passa o briefing para a agência. Ali, com todas aquelas preciosas informações, como atributos do produto, problemas, objetivo, verba disponível, target, etc., ele próprio, o anunciante, já começa a imaginar como será seu filme. A expectativa já começa. Mas quando o comercial termina? O ideal é que ele não termine nunca. O bom filme continua reverberando na cabeça de quem lhe assistiu. É como jogar uma pedra no lago: o impacto é maior quando a pedra cai, mas as ondinhas formadas continuam se espalhando por todo o lago. Ou seja: a forte lembrança causada pelo impacto do filme leva a uma ação, que é o objetivo da peça. E essa ação pode ocorrer rapidamente, logo após a veiculação, ou muito tempo depois, num instante imprevisível, após ficar maturando dias e dias na cabeça do target, na penumbra do inconsciente, apenas esperando o momento certo para vir à tona e fazê-lo agir. Assim funciona o efeito das ondinhas.

O processo de realização do comercial pode levar uma semana ou meses. Depende da complexidade da ideia, da produção, do prazo do cliente. Geralmente, costuma seguir as seguintes etapas:

- Elaboração do briefing pelo anunciante.
- Apresentação e discussão do briefing com a agência.
- Criação e aprovação do roteiro.
- Escolha da produtora e do diretor.
- Produção do comercial.
- Aprovação do comercial pela agência e pelo cliente.
- Veiculação.
- Fase de convencimento.

Todas as etapas têm sua importância, seus detalhes e seus especialistas. Se você vai participar da filmagem, não precisa saber como escrever um briefing, por exemplo. Mas é importante que conheça o processo de nascimento da ideia. Desde a forma embrionária até tornar-se uma ideia adulta, que é a maneira como ela chega até você, com o roteiro já aprovado e acompanhado por referências, sugestões, ideias sobre a produção que está por vir. Nesta etapa, quando o roteiro definitivo já está na mesa, prontinho para sair do papel e transformar-se em filme, começa o trabalho de produção. A partir daí, o primeiro passo é decidir quem serão os responsáveis por transformar as palavras do roteiro em uma forma visual. A produtora de cena entra no jogo. E, com ela, outras dezenas de profissionais que fazem da produção e da filmagem a etapa mais divertida e mágica da realização do comercial. O trabalho é árduo. Ocupa madrugadas. Multiplica fios de cabelo brancos. Mas vale a pena.

A escolha da produtora

Pode-se dizer que a escolha da produtora começa já na criação do roteiro. Isso porque, criando um filme e vendo referências, é comum nos depararmos com portfólios de diretores e de produtoras que têm exatamente o tipo de trabalho que consideramos ideal para produzir o filme: pode ser um estilo de direção próprio, uma fotografia diferente, uma direção de atores sensacional, efeitos especiais muito bem-feitos, e assim por diante. São esses mesmos critérios que acabam sendo levados em consideração quando o roteiro está aprovado e precisa-se contratar a produtora. Essa escolha pode acontecer por três formas diferentes:

Via repertório

Repertório é o famoso rolo da produtora. Até alguns anos atrás era chamado também de fita demo. O rolo é o portfólio dos melhores filmes que a produtora já fez, com diversos diretores, reunidos em uma única *timeline* – em um único DVD, por exemplo. Na agência, recebemos com frequência rolos de produtoras apresentando seu trabalho. Esse material contém comerciais de diferentes diretores, cada um com seu estilo próprio. Por isso, é de praxe que o rolo venha com indicações sobre quem é o diretor de cada comercial.

Via diretor de cena

Outra forma de escolha da produtora é por meio do diretor de cena. Funciona assim: o criativo da agência, ou o RTV, ou o atendimento, enfim, alguém que viu um trabalho fantástico sendo veiculado, pergunta-se: "Quem dirigiu este comercial?!". Ou uma dessas pessoas assistiu a um comercial qualquer com exatamente a linguagem que eles precisam para comunicar o conceito do cliente. Então pensam: "Precisamos fazer o comercial com este diretor". E aí a agência vai atrás dele, sem se importar muito com a produtora para a qual ele trabalha. Essa produtora será responsável por fornecer apoio logístico e comercial, enquanto ele, o diretor, entrará com a parte criativa.

Muitas vezes, porém, o diretor é a própria produtora. Ele é o dono, o que facilita muito o processo. Às vezes há projetos em que anunciante e agência se propõem a criar comerciais tão conceituais, dando origem a campanhas fantásticas, que o nome de um determinado diretor surge naturalmente, e como premissa fundamental. O nome do sujeito pode, inclusive, assinar o comercial, dando ainda mais credibilidade à peça. Essas são criações em que a preocupação artística é muito grande. E, obviamente, o *buzz* conseguido será ainda maior, já que o diretor escolhido geralmente é famoso. Um grande exemplo de campanha feita dessa maneira é o fantástico filme do perfume *Chanel nº* 5, protagonizado pela modelo Gisele Bündchen e filmado pelo diretor dos longas *Moulin Rouge* e O *Grande Gatsby*: o australiano Baz Luhrmann. Assista aqui:

Cliente: Chanel
Produto: Chanel nº 5
Título: Chanel nº 5, The Film
Direção: Baz Luhrmann

https://goo.gl/i31eyi

Outro caso em que a agência escolhe determinado diretor é quando já trabalhou com ele outras vezes e tudo deu certo:

os prazos foram cumpridos, o orçamento foi bom, o comercial ficou excelente. Assim, com um relacionamento confiável já construído, é óbvio que o processo todo que virá pela frente fica muito mais fácil.

E, por último, há aqueles casos em que diretores ficam famosos por fazerem muito bem determinados tipos de trabalho. No Brasil, temos diretores reconhecidos por filmarem carros como ninguém; outros são fantásticos na direção de atores, conseguindo fazer inesquecíveis comerciais de diálogos; há os diretores mais modernos, ideais para filmes em que cenas filmadas e computação gráfica se complementam; há os diretores *fashion*, que entregam comerciais de marcas de moda como se fossem grandes estilistas da câmera; e há os diretores de varejo, que unem bom gosto, senso aguçado para construir um comercial vendedor e extrema agilidade na produção.

Via concorrência por orçamento

A terceira forma de escolha da produtora é a concorrência por orçamento. O processo começa do seguinte modo: o pessoal da agência tem em mente algumas produtoras. Depois, em uma breve conversa com o atendimento dessas produtoras, é verificado se há interesse em realizar o trabalho. Então, envia-se para as candidatas selecionadas diversas informações sobre o job, um briefing de produção. Dessas informações, o roteiro é a mais importante, claro. Mas outros aspectos são fundamentais:

- Nome do cliente.
- Produto.
- Prazo de produção – quanto tempo a produtora tem para produzir o filme?
- Veículos – o comercial será exibido na tevê aberta ou na tevê a cabo? Na internet? No cinema? Ou tudo isso ao mesmo tempo? Cada caso tem um preço diferente.
- Qual será o período de veiculação: 1 mês, 3 meses, 1 ano?
- A veiculação será mundial? Nacional? Regional? Local?
- Duração do filme.
- Haverá adaptação para outras secundagens?
- Peças de apoio: entra nessa lista tudo o que a agência julgar necessário para orientar a produtora no caminho certo. Por exemplo: storyboards ou monstros apresentados ao cliente; material usado em mídia impressa, caso a campanha precise ter uma certa linha visual; alguma outra referência que a agência julgue realmente importante para direcionar o trabalho de produção.
- Prazo para a apresentação do orçamento.

Com todas essas informações em mãos, as produtoras conseguem elaborar um orçamento completo, detalhando todas as etapas e descrevendo o equipamento que será utilizado na produção. Nesse período, a agência coloca-se inteiramente à disposição para tirar dúvidas, conversar com o diretor e enviar novos materiais, se for preciso. Depois disso, o atendimento ou o produtor executivo das produtoras que participam da concorrência preparam o orçamento e o enviam para a agência. No Brasil, é a própria produtora, e não a agência, que vai atrás dos outros fornecedores necessários para a produção do comercial. Esses diversos parceiros podem ser:

- Produtora de som
- Produtora de computação gráfica.
- Produtora de animação
- Agentes de celebridades
- Desenvolvedores de bonecos
- Produtora de pós-produção

Para fazer a contratação de cada um desses fornecedores, a produtora de cena pode trabalhar de duas maneiras:

1. Concorrência: é um processo muito parecido com o que a agência faz para escolher a produtora. Agora, o produtor é que seleciona algumas empresas candidatas, passando a elas o briefing do job e o pacote de informações enviados pela agência, com o roteiro, possíveis referências, proposta de linguagem, pontos

importantes, etc. Depois, cada empresa apresenta sua proposta comercial.

2. Parceria já estabelecida: abrir concorrências consecutivas é um processo desgastante e que toma muito tempo. Por isso, a maioria das produtoras de cena já têm seus fornecedores fixos. Nesses casos, os profissionais dos dois lados já se conhecem, cada um sabe a faixa de valor que o outro costuma cobrar e todos têm um estilo de trabalho semelhante. É uma parceria em que a afinidade e o resultado de outros projetos desenvolvidos juntos contam muito. Além de ajudar na agilidade para atender à demanda de novos trabalhos.

PARCEIROS DA PRODUTORA

Produtora de som

Comercial é imagem e áudio. É a união desses dois elementos que torna o filme rico, complexo, atraente. É propaganda para ver e propaganda para ouvir, ao mesmo tempo. A cena – um dos termos técnicos para a imagem – captura o olhar e revela, quadro a quadro, sensações e mensagens que, juntas, criam a mensagem principal, conquistando e induzindo o espectador a uma ação esperada. E o áudio? A trilha sonora? Se a cena convence, a música emociona. A primeira sensação do ser humano é o som. Na gestação, a trilha sonora é o coração da mãe em uma batida compassada. É mais fácil lembrarmos de um momento da vida quando ele tem uma trilha sonora especial. A música é como um metrônomo do filme, dando seu andamento, seu ritmo, seu tom emocional. Pode transformar uma mesma narrativa em drama ou em comédia. Tape os ouvidos e você verá um comercial inesquecível perder mais da metade do que o faz ser inesquecível. Esse áudio, o som mágico, pode apresentar-se de diversas maneiras, e é no briefing, com o roteiro, que elas estão especificadas.

Música original

Alguns comerciais são inesquecíveis justamente por causa de sua trilha sonora. Suspense, drama, alegria, terror. As melhores trilhas pegam na mão do consumidor e o conduzem até a mensagem do anunciante. Mais especial ainda, é quando se utiliza uma música inédita, composta para o comercial: a música original.

Do ponto de vista do orçamento, é preciso saber qual será o período de utilização da música. Essa é uma das variáveis levadas em conta para compor seu preço de produção. A outra é o nível de complexidade, ou seja, quanto mais trabalhosa for a composição da obra, quanto mais músicos envolvidos, quanto mais instrumentos e mixagens exigir, mais cara ela será. A composição de uma canção orquestrada sempre será mais onerosa do que um solo de violão, por exemplo.

Outro ponto muito importante é com relação ao "dono" da trilha. Assim como os direitos de propriedade do comercial serão sempre da produtora de cena e do diretor, e não da agência ou do cliente, com a trilha sonora acontece a mesma coisa: seus direitos autorais são da produtora de som ou do compositor. Esgotado o período negociado no primeiro orçamento, o anunciante terá que renegociar e renovar os direitos de utilização. Se quiser saber mais a respeito das normas de *copyright* e de direitos autorais sobre músicas no Brasil, vale uma visita ao site do Escritório Central de Arrecadação e Distribuição (Ecad): http://www.ecad.org.br/.

Agência: Taterka
Cliente: Hopi Hari
Produto: Institucional
Título: Missa

https://goo.gl/0JmZAZ

Música já existente

Este é um recurso muito utilizado em alguns grandes comerciais, sejam nacionais, sejam internacionais. A utilização de uma música já existente, e de preferência bem conhecida, pode multiplicar o poder de impacto e o recall de um comercial.

Essa alternativa, porém, pode sair bem cara. Bem mais do que a composição de uma canção original. O processo acontece da seguinte maneira: a equipe de criação da agência escolhe a música, indicando-a no roteiro; o RTV ou a produtora procuram os detentores dos direitos autorais, isto é, o próprio músico, o compositor ou a gravadora, os quais, por sua vez, recebem algumas informações básicas para elaborar o orçamento:

- Qual é o cliente em questão? Alguns músicos simplesmente não querem que sua obra seja associada a uma marca com a qual não simpatizam.
- Qual será o prazo de utilização? Um mês? Seis meses? Cinco anos? De modo geral, quanto mais tempo, proporcionalmente mais barato fica. A não ser que o detentor dos direitos autorais enxergue a possibilidade de a música transformar-se na "música do produto", gerando tamanha identificação com a marca que inviabilize negociações futuras com outros clientes. Aí o custo certamente será mais alto. Um exemplo clássico em que

isso ocorreu é a utilização da "Aquarela", de Toquinho, no comercial da Faber-Castell.

- Em quais veículos (tevê, rádio, cinema, internet, etc.) o comercial será inserido?
- O interesse é apenas na melodia, que será regravada, ou a intenção é negociar também o arranjo original? A utilização desse arranjo acaba saindo mais cara, já que envolve o direito autoral também do intérprete. Por isso, normalmente as produtoras optam por regravar a canção em seu próprio estúdio, com seus próprios músicos.
- Haverá alteração de letra? Muitos artistas não autorizam a mudança, para proteger seu estilo e a própria composição de adaptações de "gosto duvidoso". Outros, porém, não impedem a alteração. Contanto, claro, que se pague mais por isso. Tudo é negociável.

Agência: Santo, Buenos Aires
Cliente: Coca-Cola
Produto: Coca-Cola Life
Título: Ser padres
Direção: Pucho Mentasti
Produção: Blue Productora
Música: "To love somebody", Bee Gees

https://goo.gl/4avQY9

Música de domínio público

Toda obra musical tem um prazo em que deixa de existir o período de proteção legal de sua utilização. Quando isso acontece, qualquer pessoa pode utilizar a música sem a necessidade de um licenciamento.

No Brasil, os direitos autorais do criador da obra duram por setenta anos, contados a partir do dia 1º de janeiro do ano subsequente ao falecimento do autor. Além dessas obras em que o prazo de proteção aos direitos venceu, também pertencem ao domínio público as músicas de autores falecidos que não tenham deixado sucessores e as de autores desconhecidos, ressalvada a proteção legal para os conhecimentos étnicos e tradicionais. E mais: as obras com dois autores (um letrista e um compositor, por exemplo) podem passar ao domínio público em datas diferentes, conforme a data de falecimento do parceiro.

No caso de utilização de uma música estrangeira, porém, é preciso ficar bastante atento, pois cada país tem suas próprias regulamentações, com prazos específicos sobre quando uma trilha passa a ser considerada de domínio público.

Trilha branca

Trilha branca é a famosa "cama". É aquela musiquinha de fundo que às vezes ouvimos nos comerciais. E é uma musiquinha mesmo, no sentido menor do conceito, da mensagem, do trabalho realizado. E do preço. A trilha branca pode ser conseguida em bancos de trilhas, semelhantes a bancos de imagens, sem custo algum. São *royalty free*. Ou seja, livres de direitos autorais. É só você se cadastrar no site, baixar a música e usar à vontade.

Até o YouTube tem seu banco de trilhas brancas, para quem quiser acrescentar música a algum vídeo caseiro. O problema da trilha branca, porém, é que ela é branca demais. Agências e produtoras fazem uso desse recurso apenas em último caso, quando o cliente não tem um centavo a mais para pagar além do custo de filmagem e de finalização do comercial. A trilha branca não tem personalidade, não gera recall, não enfatiza a mensagem. De tão imperceptível, devia ser chamada de trilha transparente.

Efeitos sonoros

Os efeitos sonoros são todos os barulhos, ruídos ou sons incidentais que "recheiam" cada cena, tornando-a mais verossímil. Podem ser sons ambientes, naturais da cena: o bater da porta aí atrás de você, o som do vento lá fora, o choro do meu filho enquanto escrevo este parágrafo, o apito do elevador chegando ao seu andar, o telefone tocando em desespero, o salto alto para lá e para cá no apartamento de cima, o trovão anunciando a chuva. Os efeitos sonoros podem também ser de natureza técnica, realçando recursos que naturalmente não fariam parte da narrativa: um "swaaaashhhh" enquanto o letreiro entra em cena, arrastando-se; o som do packshot de detergentes, de carro, de ração para cachorro; um ruído acentuando o reflexo do metal, enquanto uma luz acende no logotipo da montadora de automóveis.

Agência: Wieden+Kennedy, Portland
Cliente: Nike
Produto: Nike Free Trainer
Título: Fly Swatter
Direção: Adam Hashemi
Produção: Furlined
Produtora de som: Trinitite Inc

https://goo.gl/hLUkWo

Locutor

A pesquisa, o orçamento e a contratação do locutor dependem, inicialmente, de duas alternativas: se o locutor será um locutor de carreira, ou seja, um profissional do ramo, que dá voz a comerciais de tevê, spots de rádio, etc., ou se o locutor será alguém famoso, uma celebridade, por exemplo, um ator, um esportista, um jornalista, etc. No primeiro caso é muito simples de se conseguir o orçamento. Como o locutor está acostumado com o processo de orçamento, geralmente ele já até tem uma tabela de preços predefinida. Já no caso da contratação de uma celebridade, primeiro é preciso contatar seu agente; depois, verificar se o famoso tem interesse no job; e então, enviar o roteiro, detalhar o texto, descrever o objetivo do comercial e seu período de veiculação. Assim, após algum tempo, a produtora de cena recebe o orçamento, com o valor e outras possíveis exigências da voz famosa.

Produtora de computação gráfica

Determinadas coisas que a produtora de computação gráfica faz, algumas produtoras de cena também fazem. Os trabalhos mais simples, geralmente, por exemplo: inserção de letreiros, pequenos efeitos especiais, animação de packshots, montagem com chroma key. Tendo em sua estrutura algumas ilhas de edição e profissionais competentes, a realização dessas tarefas internamente é um redutor de custos e um facilitador no processo de produção do comercial.

A parceria entre produtora de cena e produtora de computação gráfica pode levar a resultados extraordinários. Assim como aconteceu na indústria do cinema, o grande avanço das técnicas de efeitos visuais levou a uma revolução nos comerciais.

Produções impensáveis há alguns anos, por seu tamanho ou por seu custo, hoje se tornaram muito mais comuns. Elencos de milhares de pessoas, planos de câmeras surpreendentes, cenários absolutamente fantásticos. Antes, tudo tinha que ser feito na unha, como dizemos. Com atores reais, maquetes gigantes, engenhocas cheias de criatividade. Mas, se o avanço dos efeitos visuais foi um passo gigantesco para a evolução da linguagem e da forma do filme publicitário, é preciso ter cuidado para que, ao mesmo tempo, não represente um retrocesso na busca das melhores ideias. Isso porque, hoje, vemos muitos comerciais que apelam simplesmente para a forma, deixando um pouco de lado a força de um grande conceito, de uma simples sacada. São filmes ricos visualmente, cheios de efeitos visuais, mas com um conceito batido, já visto outras vezes. O ideal, portanto, é que se busque as duas coisas: o conceito poderoso e a produção megalomaníaca. Porém sempre com o conceito em primeiro lugar. O resultado é a criação de filmes memoráveis, como este da Guinness, que é considerado por muitos especialistas um dos melhores comerciais de todos os tempos:

Agência: Abbott Mead Vickers BBDO, Londres
Cliente: Diageo
Produto: Guinness
Título: Surfer
Direção: Jonathan Glazer
Produção: Academy Commercials

https://goo.gl/gf3Qvi

Produtora de animação

A produção de um comercial, quando envolve animação, pode ir por dois caminhos distintos:

1. Cenas reais com animação: este é o caso em que a produtora de cena contrata uma produtora de animação, por não conseguir realizar o trabalho internamente. Por exemplo, quando há um personagem em 3-D interagindo com pessoas reais. Assim, o orçamento da produtora de animação é feito da mesma maneira como ocorre com todos os outros parceiros: há a consulta, o envio das informações do job e a devolutiva com os custos. E o processo de produção continua nas mãos da produtora de cena.
2. Apenas animação: este é um caso à parte, em que a produtora de cena simplesmente deixa de existir, e o

que passa a comandar toda a produção, com o RTV da agência, é a produtora de animação. Desse modo, o processo muda um pouco: os prazos podem ser maiores e a produção pode ser muito simples ou muito mais complexa, dependendo do tipo de animação escolhido (2-D, 3-D, massinha ou outro). Além disso, a produtora de animação é que entrará em contato com a produtora de áudio. E, ainda, o set de filmagem será outro: o estúdio de animação, ou seja, o computador.

Agência: W/Brasil, São Paulo
Cliente: Natura
Produto: Institucional
Título: Folia de Reis
Direção: Fábio Soares
Produção: Conspiração Filmes

https://goo.gl/TR4mmW

Agentes de celebridades

Embora este item seja também abordado na parte que se refere ao orçamento, a contratação de celebridades é um processo tão burocrático e custoso que merece ser tratado antecipadamente, antes até de se orçar o filme. Assim o anunciante poderá decidir, com calma, se seguirá adiante com a despesa do cachê e outros mimos. Por que outros mimos? Porque, quando se trata de celebridade, exigências surpresas podem aparecer: uma equipe de maquiadores exclusiva, dieta especial, transporte com helicóptero, etc. Esses exemplos são reais, todos aconteceram comigo. Já filmei com cantores, atores, esportistas, jornalistas famosos. Alguns mais simpáticos, outros menos. Alguns caros, outros mais caros ainda. Mas o exemplo mais caro que tentei viabilizar (e que não deu certo) foi uma campanha com o atleta Usain Bolt.

O comercial estava criado, o cliente adorou a ideia. Ele queria o Bolt. Nós queríamos o Bolt. Acessamos o RTV, que entrou em contato com o agente para verificar se havia interesse e disponibilidade de agenda no período que precisávamos filmar. E o agente respondeu: "Claaaaro! O sr. Bolt vai adorar trabalhar com vocês". Verificamos também se não havia nenhum conflito por causa de algum patrocinador. Não havia. Estávamos torcendo para o Bolt. Traduzimos e enviamos o roteiro. Tudo certo. Era só esperar o valor. E o valor chegou: 1 milhão de dólares pela utilização da imagem do atleta em tevê e internet, para um filme de 30" com veiculação nacional, pelo período de um mês. E mais: tínhamos que filmar tudo na Jamaica. Claro que o filme empacou. Na largada.

Este comercial é um dos melhores exemplos de completa adequação da celebridade ao produto, com a participação do ator belga Jean-Claude Van Damme. Uma obra-prima:

Agência: Forsman & Bodenfors, Gothenburg (Suécia)
Cliente: Volvo
Produto: Caminhões
Título: The Epic Split
Direção: Andreas Nilsson
Produção: Smuggler

https://goo.gl/0GvktA

Desenvolvedores de bonecos

Há diversas grandes campanhas que utilizam bonecos em sua concepção. Podem ser bonecos eletrônicos, fantoches, bonecos articulados controlados por controle remoto, etc. Exemplos dessas campanhas são: as famosas girafas do restaurante Giraffas, o ventríloquo do jornal *O Estado de S. Paulo* e o irreverente pinguim da rede de varejo Pontofrio.

O desenvolvimento de bonecos é um ponto que certamente toda produtora precisa terceirizar. Existem grandes desenvolvedores, como a empresa responsável pelos Muppets, nos Estados Unidos. Aqui no Brasil também há profissionais excelentes. Beto Dornelles, por exemplo, com quem tive o prazer de trabalhar, desenvolveu praticamente todos os bonecos de maior recall na tevê, tanto para propaganda quanto para programas de tevê, como os cachorros da *TV Colosso* e o Louro José, parceiro da apresentadora Ana Maria Braga.

Agência: Talent, São Paulo
Cliente: Posto Ipiranga
Produto: Institucional
Título: Ventríloquo
Direção: Paulo Caruso e Quico Meirelles
Produção: 02 Filmes

https://manualdeproducao.wordpress.com/2015/07/20/43/

Produtora de pós-produção

Assim como a parte de computação gráfica, geralmente as produtoras têm em sua estrutura um departamento de pós-produção. Esta é a etapa da produção referente à finalização do comercial: ajustes de cores, mixagem, gravação no formato exigido por cada veículo, etc. Mais adiante entrarei em detalhes sobre esses processos.

Orçamento final

Depois de todas essas consultas com as diversas empresas fornecedoras, a produtora de cena organiza as informações em um único documento, listando os profissionais e as etapas que farão parte do processo, e o repassa à agência. Essa estimativa pode conter custos relacionados aos seguintes itens:

- Teste de VT
- Cenografia, figurino, objetos
- Estúdio e/ou locação
- Transporte
- Equipe
- Elenco
- Equipamento
- Som
- Despesas gerais (alimentação, transporte)
- Seguros

A seguir, veja um guia para a elaboração de orçamento, com base em um exemplo real:

CARTA-ORÇAMENTO – PRODUÇÃO

PARA ______________________ ATT ______________________
FAX ______________________ E-MAIL ______________________

ESPECIFICAÇÕES

Cliente ______________________
Agência ______________________
Produto ______________________
Títulos ______________________
Duração ______________________
Veículos ______________________
Veiculação ______________________
Diretor ______________________
Nº de diárias ______________________

Validade do orçamento: 10 dias a partir desta data.

DIREITOS PARA REPLICAÇÃO DA OBRA AUDIOVISUAL:

A **CONTRATADA** detém os direitos autorais sobre a obra, objeto deste contrato. Dessa forma, a Associação Brasileira da Produção de Obras Audiovisuais – APRO efetuará a cobrança sobre os direitos autorais da Produtora sobre a reprodução da obra audiovisual publicitária, diretamente da **CONTRATANTE/ANUNCIANTE**, conforme valor descrito acima **(valor de concessão de direitos autorais para reprodução da obra)**.
*Esse valor é referente ao pagamento de Concessão dos direitos autorais para replicação de cópias de veiculação pelo prazo de **12 meses** a contar da data do registro do filme na ANCINE.
Uma vez concedidos os direitos autorais para reprodução da obra, a responsabilidade da qualidade, dos prazos e de outros custos das reproduções será do cliente/agência e seu fornecedor contratado para tal serviço. Salvo em casos que o cliente/agência, além da concessão, queira usar os serviços de reprodução/cópias da própria produtora.

DIREITOS AUTORAIS DE RENOVAÇÃO:

Os direitos autorais de renovação da obra audiovisual, fixados na cláusula IX do presente contrato, serão cobrados da forma ali prevista pela **CONTRATADA**, através da Associação Brasileira da Produção de Obras Audiovisuais – APRO, que entrará em contato diretamente com a **CONTRATANTE/ANUNCIANTE**, tendo em vista que o art. 98 da Lei 9.610/98, alterado pela Lei 12.853/13, torna a associação mandatária de seus associados para a prática de tal ato.

OBRIGAÇÕES DA PRODUTORA:
00 diárias no ano
00 diária por mês
Diretor
Diretor de fotografia
Elenco composto por 1 casal de coadjuvantes – sem close
TVT
Direção de arte
Construção de 4 cenários
Produção de objetos
Troca de pinturas – 3 vezes em cada cenário
Produção de figurinos
Transporte de produção
Alimentação em filmagem
Câmera e lentes
Equipamentos de luz e maquinaria
Equipe técnica
Pré-light
Montagem
Seguro de equipe

CUSTO TOTAL:

FORMA DE PAGAMENTO:

CUSTO UNITARIO DA OFERTA:

1. **NÃO INCLUI:**
- Finalização
- Trilha e locução
- Elenco principal
- Cópias de veiculação
- Taxa Condecine

2. **COMPETE AO CLIENTE:**
   Arte da assinatura e logo

3. **DISPOSIÇÕES GERAIS:** A Condecine, conforme a Lei 10.454, de 13 de maio de 2002, será calculada de acordo com o título e a mídia da obra, cujos valores serão cobráveis juntamente com as cópias de veiculação. A produtora não se responsabiliza pelas penalidades que porventura possam advir, caso haja alguma veiculação de uma peça ou mídia não prevista.

4. Não previsto mudança de 30 FPS para 24 quadros (mídia em cinema). Orçamento adicional deverá ser solicitado para realização de tal serviço.

O valor definido para a diária adicional de filmagem ou gravação por motivo "weather day/contingency day" ou de risco, conforme cláusula III, parágrafo primeiro do Instrumento Particular de Contrato de Produção de Obras Audiovisuais Publicitárias, será faturado juntamente com a segunda parcela e é de valor de 30% do custo de produção.

DATA ________________ REMETENTE ________________

Estamos "De Acordo" com o presente orçamento.

DATA ________________ APROVAÇÃO ________________

Recebido o orçamento da produtora, é hora de a agência apresentar o custo total ao cliente. Para isso, o RTV e o atendimento fazem um *checklist* de todos os elementos necessários para a produção e incluem, ainda, a taxa cobrada pela agência. Esse *checklist* deve ser cuidadoso para que as despesas de todas as etapas estejam contempladas:

- Produção e pós-produção de cena: aluguel de locações e produção de cenários, filmagem, computação gráfica, animação, trilha sonora, locução, edição, finalização.
- Trilha sonora: licenciamento de músicas.
- Elenco e celebridades.
- Material de apoio: layout, storyboards, animatics.
- Viagens.
- Despesas gerais: pequenos custos não previstos que podem surgir.

Essa primeira fase termina aqui. O cliente aprovou o orçamento. Agora, terá que esperar um pouco para ver seu dinheiro transformar-se em uma história inesquecível.

Como curiosidade, o comercial a seguir é o mais caro de todos os tempos. Ele foi produzido para o perfume Chanel nº 5 e dirigido pelo australiano Baz Luhrmann. A protagonista é simplesmente a atriz Nicole Kidman, que, de cachê, recebeu 3 milhões de dólares.

Cliente: Chanel
Produto: Chanel nº 5
Título: Chanel nº 5, The Film
Direção: Baz Luhrmann
Orçamento: US$ 33 milhões

https://goo.gl/xWuxo7

O segundo comercial mais caro da história mostra livros, cadeiras, pneus, geladeiras e carros formando um grande dominó que vai caindo, em uma sequência que percorre um pequeno vilarejo do interior da Argentina. O diretor é Nicolai Fuglsig, o mesmo que fez o premiadíssimo comercial *Balls*, para a Sony Bravia.

Agência: Abbott Mead Vickers BBDO, Londres
Cliente: Guinness
Produto: Guinness
Título: Dominos
Direção: Nicolai Fuglsig
Orçamento: US$ 16 milhões

https://goo.gl/XAwPDe

A pré-produção

Todo grande projeto começa com uma grande preparação. Os grandes concertos de música clássica têm seus ensaios com a orquestra completa. Agendada a data da estreia, os músicos têm seu prazo para chegar à perfeição na execução de cada nota musical. O maestro acompanha o progresso, corrige notas, dita o ritmo. Os produtores atuam nos bastidores para garantir os salários, para fechar os contratos com o teatro, acompanhar a venda de ingressos. Assim, uma grande equipe trabalha em plena sintonia para que a primeira exibição seja um sucesso. Exatamente como o público espera.

Com o filme publicitário acontece exatamente a mesma coisa. Tudo precisa estar completamente organizado para que o projeto dê certo. O grande concerto é o comercial. O compositor é a agência. O maestro é o diretor. Os músicos são todos os envolvidos na produção. A plateia é o cliente. E a crítica, sempre ávida por produções perfeitas, é o público espectador. O target.

Assim que o orçamento de produção é aprovado, marca-se a primeira reunião de pré-produção. E dessa reunião fazem parte todas as pessoas-chave dos dois lados envolvidos: agência e produtora. Agora, tudo precisa ser discutido, combinado, pensado. Contratos, decisão sobre locações, briefing de trilha sonora, cronograma. Se há alguém contra a filmagem do comercial nos termos que estão sendo combinados, que fale agora ou cale-se para sempre. Sim, a produção será como um casamento. Agência e produtora terão uma convivência muito íntima nas próximas semanas. Dependendo do caso, nos próximos meses.

A REUNIÃO DE PRÉ-PRODUÇÃO

A também chamada "reunião de pré" é onde acontece o primeiro contato entre todos os responsáveis, tanto da agência quanto da produtora, por fazer o comercial sair do papel. Dessa reunião participam somente as pessoas cruciais: aquelas que dirigem o processo, ou que tiveram parte importante na criação do filme, ou que podem ajudar muito com sua experiência. A seguir, descrevo quem são esses profissionais e quais são suas funções e responsabilidades.

Profissionais da agência envolvidos

Diretor de criação

O diretor de criação é quem fala em nome da agência e do cliente. É ele quem deve saber mais de tudo que será feito dali em diante. Por isso, espera-se que entenda muito bem de todo o processo de concepção do comercial. Sua função será conduzir o lado conceitual da produção. E o que é esse lado conceitual? É exatamente onde está a parte mais importante do comercial: a mensagem do cliente. Tentará reconhecer sugestões promissoras e levá-las adiante. Por outro lado, terá que ficar atento a ideias que possam atrapalhar a construção da mensagem.

O diretor de criação é, de origem, ou o redator ou o diretor de arte. Em ambos os casos, certamente é alguém apaixonado por fazer cinema. É muito comum ver diretores de criação envolvidos em projetos de curtas-metragens, por exemplo. Inclusive, dirigindo seus próprios curtas. Por meio desse conhecimento em direção e produção, eles buscam duas coisas: primeiro, embasamento para a sua profissão; depois, desejam alimentar o prazer, o *hobby*, de dirigir filmes. Com isso, tornam-se profissionais mais completos, prontos para entender e participar ativamente do processo de filmagem.

Diretor de arte e redator

O diretor de arte e o redator formam a chamada dupla de criação. São eles os responsáveis por criar o comercial. Por isso, sempre têm muito a dizer sobre o que imaginam para o filme.

Em uma reunião de pré-produção, a dupla deve armar-se de tudo o que for possível para fundamentar a ideia à equipe da produtora: pode ser um exemplo de longa-metragem, para citar um tipo de fotografia; um outro comercial, para falar de um tom de trilha sonora ou de um locutor; um ensaio fotográfico, para exemplificar a locação ou o perfil de um dos personagens do filme. A dupla de criação deve ser a extensão do diretor de criação.

Diretor de RTV

Este é o juiz da produção de um comercial. Geralmente representado pelo diretor de RTV e por um assistente, é nas mãos desse departamento que está tudo que se refere ao tático da produção de um comercial: o cumprimento dos prazos, o controle da verba de produção, a negociação de custos imprevistos que surgirem no processo, o acompanhamento da filmagem para que tudo saia conforme o que foi combinado na fase de pré-produção. O RTV é um departamento 360 graus. Alinha os discursos de todos os envolvidos: agência, produtora de cena, produtora de áudio, veículos. O profissional desse departamento é, ainda, alguém que tem muita experiência no set de filmagem. Por isso é muito comum que profissionais de RTV passem a trabalhar em produtoras, e vice-versa. Seu olhar é único, diferente, são como diretores de cena dentro da agência. Sempre críticos, levantam dúvidas sobre métodos de produção e questionam sugestões até do diretor de criação da agência, caso julguem que ele pediu algo fora do combinado ou algo absurdo.

Atendimento

Cabe ao atendimento, junto ao diretor de RTV, coordenar os prazos e registrar tudo o que é combinado na fase de pré-produção. Porém, com uma diferença: enquanto o RTV cuida da parte "técnica", aquela relacionada à produção, o atendimento trata com o cliente sobre aspectos burocráticos da produção (orçamentos, por exemplo).

Profissionais da produtora envolvidos

Produtor

É o produtor que faz a filmagem acontecer, literalmente. Em suas mãos está o controle do cronograma de produção, a obtenção de licenças e permissões, a reserva de locações e autorizações de instituições públicas em filmagens externas. É ele quem faz o gerenciamento de todos os custos para que nada extrapole a verba aprovada e também a negociação, com a agência, de novos custos que possam surgir. Pensa que acabou? O produtor também agenda as sessões de gravação, elabora todos os contratos, alinha informações dos outros profissionais dentro da produtora, como o figurinista, o produtor de objetos, o cenógrafo, o maquiador. Enfim, o produtor é um grande gerente, que, às vezes, é auxiliado por seu assistente, o assistente de produção. Normalmente um profissional em início de carreira, com menos experiência, o assistente de produção é o "punho" do diretor de produção: anota tudo que for combinado, escreve os contratos, envia material, faz relatórios. É uma pessoa que trabalha bastante, e que precisa estar sempre atenta a completamente tudo que é combinado.

Produtor executivo

O produtor executivo é a voz maior dentro da produtora. Para você ter uma ideia, às vezes ele é o dono da empresa. É um profissional com grande experiência comercial, sendo definitivo nas negociações sobre orçamentos de filmagem; e, ao mesmo tempo, geralmente tem também grande experiência com produção.

Diretor de cena

Chegamos ao maestro da produção. O diretor de cena é o profissional que vai guiar todos os outros envolvidos no set para que o filme ganhe a forma visual que ele imagina. É o diretor que interpreta o roteiro, visualizando-o em cenas e tornando possível sua construção narrativa na forma de um comercial. Ele é uma mistura de artista, de realizador e de gerente.

Como artista, deve entender o roteiro e ter inspiração para complementá-lo com suas próprias ideias. Com sua interpretação, linhas de texto são transformadas em sequências, referências são absorvidas e ganham novos tratamentos. Tendências são exploradas e se transformam em características únicas de fotografia, de iluminação, de enquadramento de câmera. É o diretor de cena que determina a linguagem, o ritmo, a cara do comercial.

Atuando como realizador, ele precisa unir todo o seu senso artístico com o tino comercial, construindo um filme capaz de transmitir exatamente o conceito proposto pela agência, vendendo o produto ou a mensagem do anunciante. Seu objetivo é entregar um comercial com mensagem vendedora, compreensível e eficaz.

Como gerente, é responsável por coordenar a filmagem no set, ditando o ritmo da produção, aprovando ou refazendo takes e orientando atores. O resultado deve ser a harmonia plena. Afinal, a plateia está ávida por ver um comercial de sucesso.

Assistente de direção

O assistente de direção é alguém que está se preparando para se tornar um diretor de cena. É o responsável por ajudar o diretor em detalhes artísticos e técnicos da produção: busca de referências, sugestão de estilos, enquadramento, cronometragem das cenas. Sua presença é ainda mais importante no set de filmagem do que nessa etapa de pré-produção, como será visto mais adiante.

Atendimento

É responsabilidade do atendimento ser a ponte entre a produtora e a agência. Nessa fase de pré-produção, é ele quem prepara a pauta da reunião, listando e organizando todos os assuntos a serem tratados.

Outros profissionais envolvidos

Diretor de computação gráfica ou diretor de animação

Sua presença na reunião de pré pode ser imprescindível quando a produção do comercial depende muito desses aspectos. Por exemplo, quando o trabalho de computação gráfica exigir muito mais do que apenas a inserção de letreiros e a criação de pequenos efeitos visuais.

Produtor de áudio

O produtor de áudio é o responsável por interpretar o que a agência pretende para o comercial com relação à trilha sonora e por orientar a produção disso tudo em sua equipe: maestros, músicos, técnicos de som, locutores.

A pauta da reunião de pré-produção

É na reunião de pré-produção que a agência reapresenta o roteiro para a produtora, entrando em detalhes sobre o conceito, o objetivo do cliente, a linguagem imaginada, o perfil dos atores, etc. É sempre muito importante que a reunião seja marcada imediatamente após o orçamento de produção ter sido aprovado pelo anunciante. Dessa forma, sempre há tempo hábil de se fazer possíveis ajustes ou resolver imprevistos.

Veja a seguir quais são os assuntos colocados em pauta em uma reunião de pré-produção bem planejada.

Objetivo do comercial

A essa altura, diversas informações já foram compartilhadas para que a produtora pudesse elaborar o orçamento e competir para ganhar o job de produzir o comercial. Mas recapitular e entrar em detalhes sempre é bom. Quanto mais se mergulha no assunto, com mais detalhes se veem os peixes no fundo. Nesse bate-papo, deve ficar bem claro, se ainda não ficou, qual é a mensagem do filme, bem como o posicionamento e o conceito que o cliente quer transmitir. Essa também é a hora de se discutir um pouco sobre a campanha em que o comercial estará inserido. Mostrar as outras peças, a linha visual, os textos. Tudo serve de referência e como guia para que o comercial, que ainda é só um embrião, torne-se um recém-nascido lindo. E com a cara do cliente.

Interpretação do roteiro

Vem aí uma nova apresentação do filme, pelo diretor de criação. Mas, agora, de forma muito mais teatral. É mais ou menos como ele fez para apresentar o filme ao cliente: encenando as falas, entrando nos personagens, caprichando no tom de voz. Essa apresentação é ideal para que o pessoal da produtora enxergue o que está na cabeça dos criadores do filme. Afinal, nada tão legítimo e esclarecedor quanto a ideia ser contada exatamente como ela nasceu, sem intermediários, saindo da garganta de seu criador.

Um dos aspectos mais importantes para serem entendidos nessa reapresentação é o ritmo da história, com seus pontos altos e plot point, o famoso ponto de virada. Já vi comerciais que criei tornarem-se motivo de discussão, com o assistente de direção me dizendo que não cabia no tempo, que era muito extenso, etc. Quando contei a história, interpretando cada cena com a velocidade que eu tinha imaginado, sobraram ainda uns 3 segundos para o diretor dar seu toque artístico.

Nesse bate-papo sobre o roteiro, as referências também ajudam muito. Referências de cenas, de personagens, de fotografia, de efeitos visuais. Vale tudo o que puder enriquecer a discussão e facilitar a visualização do filme acabado. Aliás, é muito comum acrescentar ou alterar elementos do roteiro depois que o diretor de cena coloca na mesa alguma referência surpreendente. Aconteceu algo parecido quando, há alguns anos, criei um comercial para uma marca de tênis de corrida. Com o conceito "correr te transforma", o roteiro mostrava pessoas se transformando em outras, enquanto falavam para a câmera os motivos pelos quais praticavam a corrida. Mas, para mim, ainda não estava muito claro como ocorreria essa transformação, visualmente. Então, veio a reunião de pré-produção. O diretor de cena apresentou uma técnica muito pouco utilizada, na época, e que, segundo ele, seria a grande sacada de um dos clipes do cantor Michael Jackson, o da canção "Black or White", que ainda estava em produção. Informação privilegiada. Era um tal de efeito Morph, coisa de After Effects. O comercial ficou muito legal. De carona no clip.

Storyboard

O storyboard é uma representação ilustrada do filme, feita para ajudar a vender a ideia ao cliente. Para contar a história. Não é, em hipótese alguma, uma decupagem final das cenas, com os enquadramentos e os momentos corretos. Mesmo assim, é um excelente apoio para se discutir cada cena do filme.

Com ou sem storyboard, os criadores do filme precisam contar o que se passou dentro de suas brilhantes mentes quando conceberam o filme. A cena do assassinato no chuveiro será vista por trás da cortina ou dentro do box? O velocista se preparando para a largada da corrida de 100 metros será visto em *close*, valorizando seu tênis, ou em plano geral? Detalhes como esses sempre ajudam a guiar a produção na direção certa. É melhor dar um caminho esburacado do que um asfalto sem caminho.

A seguir, o storyboard do icônico comercial *1984*, da Apple.

Agência: Chiat/Day, Los Angeles
Cliente: Apple
Produto: Macintosh
Título: 1984
Direção: Ridley Scott
Produção: Fairbanks Films

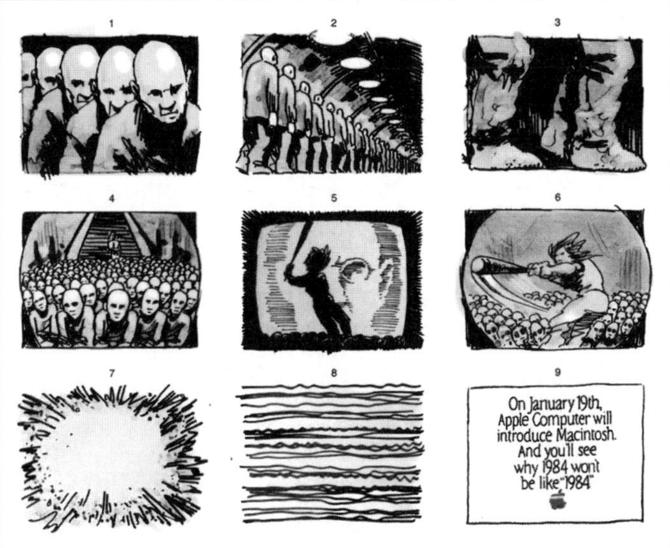

Fotografia e iluminação

Diversos diretores e fotógrafos têm seu tipo de foto e de luz preferido. Para alguns, a luz é mais branca. Para outros, mais amarelada. Tem aqueles da moda, que preferem a luz mais lavada, o filme com cara de "velho". Normalmente a agência escolhe o diretor já considerando, por meio do seu repertório, o tipo de luz e fotografia com que ele está acostumado a trabalhar. Mas, às vezes, é preciso se chegar juntos ao resultado. E aqui vai outro *case* real: atendo, ao menos enquanto estou escrevendo este livro, uma das maiores empresas de varejo do mundo. Entre suas marcas, duas são completamente opostas, considerando o perfil de seus consumidores. Uma delas é bem popular, mira a classe C e a classe média. A outra tem exatamente o mesmo público, mas se posiciona como aspiracional. Não é fácil vender os mesmos produtos em lojas tão diferentes. O tempo inteiro temos que cuidar para que a comunicação de cada loja saia completamente diferente da outra. Assim, nos comerciais de tevê, um recurso que utilizamos bastante é um tipo de fotografia para cada marca. Uma tem a luz mais amarelada, quente, aconchegante. A outra mostra cenas com uma luz mais branca, fria, tecnológica. Acho que o consumidor tem percebido a diferença: as duas marcas têm crescido consistentemente em suas percepções de valor.

Assista a seguir ao único comercial brasileiro vencedor do Grand Prix de Filme, em Cannes. Além de o produto ser justamente uma marca de câmera fotográfica, a fotografia do filme é simplesmente extraordinária.

Agência: F/Nazca Saatchi & Saatchi, São Paulo
Cliente: Leica
Produto: Institucional
Título: 100
Direção: Jones + Tino
Produção: Stink

https://goo.gl/a7tn8s

Casting

A seleção dos atores é feita quando se tem nas mãos as fotos de cada profissional, um material chamado de composite. Com o composite, vem o teste de VT. Um pouco mais para a frente vou falar sobre isso. Por ora, é na reunião de pré-produção que a produtora recebe o briefing sobre o estilo dos atores, a idade de cada um, os estereótipos – ou a fuga de estereótipos. Diversas vezes, quando se produz um longa-metragem, o roteirista ou o diretor pensam em um determinado ator logo que conhecem o personagem. Foi o que aconteceu com a escolha de Marlon Brando para interpretar Don Corleone, em O *Poderoso Chefão*. Em comerciais pode acontecer algo semelhante; há diversos atores muito bons em fazer comédia, por exemplo – tanto que acabamos vendo-os em muitos filmes quase simultaneamente.

Mas não é em qualquer esquina que se encontra um Marlon Brando. Por isso, a escolha dos atores é feita por meio de muita procura, testes e conversas. Como geralmente os comerciais têm poucos segundos, é muito importante que a aparência e a forma de interpretação de cada ator representem exatamente aquilo que a marca deseja transmitir ao público: drama, bom humor, credibilidade, simplicidade ou sofisticação. Não existe tempo suficiente de cena para se construir a personalidade de cada personagem, como acontece no cinema. Longa-metragem é maratona, comercial é 100 metros rasos.

Figurino

O figurino, ou seja, as roupas de um personagem, é o reflexo do seu caráter, estilo, histórico de vida, hábito e costumes. Assim, é muito importante que ele seja bem pensado. O comercial publicitário é dinâmico, tem poucos segundos e muita coisa a dizer. Por isso, tudo que puder ser dito de maneira visual é sempre muito bem-vindo. Por meio do figurino, o espectador pode entender a personalidade ou a intenção de um determinado personagem. Uma roupa moderna ou surrada; sóbria ou colorida; contemporânea ou retrô. A construção da personalidade do personagem depende muito da escolha do figurino correto.

Agência: Loducca, São Paulo
Cliente: MTV Brasil
Produto: Institucional
Título: Elvis Death
Direção: André Godoi
Produção: Prodigo Films

https://goo.gl/oB30CG

Cenografia

A cenografia é constituída por tudo aquilo que compõe um ambiente onde se passará a ação do filme. Esses elementos podem ser divididos entre mobiliário e objetos. Mobiliário são as cadeiras, mesas, armários, enfim, os móveis. Os objetos são as coisas menores, como vasos, quadros, enfeites, etc.

Existem dois tipos básicos de ambientes, do ponto de vista cenográfico: estúdio e locação. Estúdio é o local onde se constrói um cenário. Locação são espaços reais, como casas, apartamentos, ruas, fazendas, aeroportos, etc. São ambientes que a cenografia tem apenas que decorar. A grande vantagem da locação é não precisar construir cenários. Já no estúdio, a vantagem é poder controlar totalmente diversos elementos da produção, por exemplo, a luz. Neste caso, no entanto, o trabalho de produção é muito maior: é preciso desenhar a planta dos ambientes a serem construídos e providenciar, com a ajuda dos cenotécnicos, todo o material necessário para torná-los críveis, ou seja, idênticos a um ambiente real: paredes, portas, janelas, mobília, eletrodomésticos, quadros, enfeites e decoração em geral.

A seguir, preste atenção na cenografia poderosa. Mais uma vez, o exemplo é o comercial *1984*, da Apple.

Agência: Chiat/Day, Los Angeles
Cliente: Apple
Produto: Macintosh
Título: 1984
Direção: Ridley Scott
Produção: Fairbanks Films

https://goo.gl/E4zUGZ

Trilha sonora

Muitas agências e produtoras preferem entrar neste tópico apenas na fase de produção. Mas não acho que isso seja o ideal. Não se pode subestimar o trabalho de produção sonora. Portanto, quanto mais tempo o produtor de áudio tiver para viajar nas notas musicais, melhor.

Há casos (quando se tem um bom prazo) em que a trilha é composta depois da edição do filme, adaptando-se à linguagem e ao ritmo já definidos na narrativa. Outras vezes, porém, ocorre o contrário. Já dirigi muitos jobs com um prazo muito apertado de criação e de produção. Por isso, se o trilheiro fosse esperar a edição do comercial ficar pronta para só então musicá-lo, ele não teria tempo. Desse modo, foi feito o contrário: enquanto o comercial era filmado, a trilha era composta. Depois de pronta, o filme foi editado seguindo o ritmo da trilha. O resultado ficou excelente.

A discussão sobre a trilha sonora na reunião de pré-produção também é uma ótima oportunidade de a agência passar um briefing mais cuidadoso e detalhado sobre outro aspecto que pegará o espectador pela orelha: a locução. Muitas vezes o criador do filme imagina, ao escrever o texto da locução, um certo tom de voz, um tipo de emoção, uma determinada velocidade de narração do texto. Uma locução bem-feita pode acrescentar muito a um filme, ajudando a encaminhar a narrativa na direção correta.

Agência: Ogilvy & Mather, Buenos Aires
Cliente: Schneider Beer
Produto: Cerveja
Título: Perdón
Direção: Luciano Podcaminsky
Produção: Landia

https://goo.gl/tWX5Zn

Disponibilidade do produto do anunciante

A maioria dos comerciais termina com o packshot, aquela ceninha rápida em que o produto é apresentado em sua embalagem, com uma luz especial e fotografia impecável, valorizando-o. Nos comerciais de carros, o produto aparece no filme inteiro, com os atores curtindo o veículo; o mesmo acontece com muitos comerciais de moda, nos quais vemos em praticamente todo o filme os atores usando as roupas da marca anunciada. Agora, de onde vêm esses produtos? Será que a produtora compra no supermercado, na concessionária, na loja de roupas? Quem disponibiliza o produto para a filmagem é sempre o próprio cliente. Geladeiras e televisores para os comerciais da grande varejista; embalagens e mais embalagens de lasanha para os comerciais da fabricante de comida congelada; um monte de camisas e calças jeans para os filmes da loja multimarcas.

Tudo começa com o RTV e o produtor, juntos, pensando em quantas unidades do produto precisarão para a filmagem. Mesmo se o filme mostrar uma unidade só. Como assim? A televisão de tela gigante pode ficar gigante demais em cena, então eles pedem também uma menor; a lasanha pode não ficar tão bonita depois de pronta, então é preciso que haja outras lasanhas; o ator – errar é humano e ser barbeiro também – pode dar uma raladinha no carro. Já pensou? É sempre bom ter mais um carro de backup. Ou um martelinho de ouro de plantão. Há casos em que o produto não será captado, ou seja, filmado. Será inserido depois, digitalmente. Aí o cliente pode até enviar o produto mais tarde.

Já passei por alguns absurdos envolvendo a disponibilidade de produtos. Em um deles, o job era criar um filme para uma promoção que iria sortear alguns carros da marca Mercedes-Benz. Seriam dez carros. Lindos, você pode imaginar. Por isso, fomos por um caminho criativo em que os carros estavam sempre em cena. Quem não quer uma Mercedes na garagem? Quem não gosta de vê-los? Roteiro aprovado, partimos para a reunião de pré-produção. E, logo no começo da reunião, o atendimento chega com o recado surpresa: o cliente não tem os carros.

– Como assim, não tem os carros? – perguntei.

– Não tem.

– Mas ele tem as fotos. Ele passou o job pra gente. Ele mandou mostrar os carros.

– Sim, ele quer mostrar os carros.

– Então não tô entendendo nada.

– Ele vai mostrar a foto. Não tem carro pra filmar. É um lançamento, tá tudo preso na alfândega, só vai ser liberado no fim do mês.

– Mas o filme tem que entrar no ar semana que vem.

– É, então.

– Então o quê?

– Sei lá.

Queríamos muito produzir aquele filme. Mas como, se não tínhamos o carro? Começamos uma correria. O diretor de produção ligou para diversas locadoras de veículos de luxo. Realmente ninguém tinha o carro aqui no Brasil. Procuramos concessionárias. O carro não tinha chegado no Brasil. Eu já estava odiando a Mercedes.

Não teve jeito. Foi necessário criar o plano B. Ou seja, o roteiro B: um comercial em que não era preciso filmar o carro. Uma pena.

Policies do cliente

Cliente nenhum topa tudo. E, muitas vezes, isso nem é culpa do diretor de marketing, aquele pobre coitado que sempre leva a culpa quando alguma ideia genial da agência não vai para a frente. Às vezes, a culpa é do tal manual de marca. Nesse manual, consta tudo o que pode e o que não pode ser feito com a marca. E, por marca, entenda: logotipo, paleta de cores, fontes, tipos de imagens, características de modelos para fotos, etc. É muito importante que o "pode e não pode" do cliente seja apresentado imediatamente. O manual de marca é a bíblia, é o guia de bom uso da marca e do bom comportamento de todo mundo que trabalha com ela.

Mas os *policies* não vêm só do manual de marca. Atendi um cliente que, em uma de várias reuniões para discutirmos uma nova campanha, soltou a frase "não gosto de seres humanos". O que ele quis dizer com isso? Mais tarde ficou claro: ele realmente não queria seres humanos em suas campanhas. Achava que qualquer pessoa que fosse colocada iria roubar espaço do seu produto, a verdadeira estrela de todas as peças. E, assim, a campanha saiu. Sem nenhum terráqueo sequer.

Um outro cliente para quem trabalhei também tinha um *policie* extravagante: o packshot dos seus filmes deveria ter sempre 5 segundos, no mínimo. Isso, além do tempo da assinatura, que durava mais uns 3 segundos. Resultado: na prática, criávamos comerciais de 22 segundos. Fácil, não é?

E mais um assunto muito importante a ser discutido é o que se refere à correta utilização ou melhor exposição possível do produto. Quem traz essa informação é o atendimento da agência. O iogurte deverá ser batido no liquidificador ou com as mãos? Qual é o melhor ângulo para mostrar o novo *smartphone*? E para usar a panela elétrica revolucionária, primeiro se liga na tomada ou primeiro se coloca o arroz dentro dela?

Sugestão de cronograma de produção

O cronograma de produção é o compromisso oficial do cumprimento de prazos de algumas etapas importantes da produção. Embora muitos assuntos estejam sendo tratados ao mesmo tempo, como veremos a seguir, o cronograma apresentado na reunião de pré sugere datas para os seguintes assuntos:

- Data da reunião de produção
- Data da filmagem
- Data da apresentação do filme off-line
- Data da entrega do filme finalizado para apresentação ao cliente
- Data de envio do material fechado para os veículos

Cabe ao RTV da agência avaliar se as datas sugeridas são as ideais. É preciso haver sempre uma folga para possíveis alterações do filme, tanto por parte da agência quanto por parte do cliente.

AS TAREFAS DA PRÉ-PRODUÇÃO

Tudo o que foi discutido na reunião de pré-produção começa agora a sair do papel. É a equipe a todo vapor, correndo para cumprir prazos e para garantir o sucesso do dia da filmagem. O cronograma de produção é o guia para todo mundo. O briefing já foi passado, a ideia do filme foi entendida. Agora, cada assunto ganha corpo na forma de contrato, de objetos cenográficos, de equipamentos alugados... Vamos trabalhar?

Contratação da equipe

Embora poucas pessoas coordenem e participem da produção com a agência, o número de profissionais envolvidos na concepção do filme costuma ser bem grande. A filmagem de uma diária, por exemplo, chega a envolver 30 pessoas. E são profissionais de retaguarda, os operários do estúdio, que colocam a mão na massa para a mágica acontecer: câmeras, eletricistas, carregadores, motoristas, montadores, pintores.

Em sua maioria são *freelancers*, que trabalham para diversas produtoras. Mas também acabam desenvolvendo um relacionamento de confiança com alguns diretores ou produtores. Desse modo, sempre são chamados quando surge um job.

Locação de equipamentos

Atualmente é muito comum que a produtora utilize tanto equipamentos próprios quanto alugados. Novas tecnologias não param de surgir – e sempre surgem a preços altos demais. Assim, muitas vezes é mais vantajoso alugar uma câmera ou uma lente do que comprá-las. O mesmo pode acontecer com o material de iluminação: tripés, cabeamento, andaimes, gruas. Ainda bem que existem empresas que fornecem praticamente tudo.

A escolha da câmera está ligada diretamente à qualidade do material captado que se deseja obter. Produtoras maiores e anunciantes com grande verba utilizam sempre a melhor qualidade disponível no mercado. Mais adiante vou falar um pouco sobre algumas variações.

Produção de mock-ups

A produção de mock-ups, ou seja, daquelas "coisas de mentira", é feita por empresas especializadas, nunca pela própria produtora.

Esses objetos podem ser necessários para a construção do cenário: frutas, gelo, objetos de decoração, até carros e ônibus espaciais em tamanho real; e podem ser construídos para substituir o próprio produto que será anunciado. Isso acontece muito com alimentos. Diversas vezes, a produtora sabe que será impossível preparar uma torta ou um hambúrguer com a beleza e o *appetite appeal* que o cliente apresenta na embalagem do produto. Então, de comum acordo com a agência e o anunciante, parte-se para a solução do mock-up. E geralmente o resultado fica muito bom. Sabe que dá até vontade de comer um hambúrguer de cera?

A produção do mock-up também é solicitada quando se percebe que o produto ou a embalagem original do cliente "não imprime bem" no vídeo. Ou seja: quando a sua imagem, filmada, não fica perfeitamente fotogênica. A cor não sai fiel, a textura fica comprometida, etc. Desse modo, é fundamental se pensar em qual material o mock-up será construído, levando em conta principalmente o ambiente em que ele ficará exposto: se for um ambiente externo, por exemplo, deverá ser de um material que suporte a ação de chuva, vento ou sol forte. E, caso o objeto ou produto de mentira seja manipulado pelos atores, deve-se sempre produzi-lo de maneira que não perca a forma, que não solte tinta, que não se deforme nas mãos dos atores.

Obtenção de licenças e autorizações

Propaganda é *business*. Está bem longe de ser manifestação artística. Por isso, tudo que se refere ao processo de produção de qualquer peça publicitária, inclusive o comercial, deve estar acordado, autorizado, assinado e pago, geralmente.

Se um carro aparece no comercial, e esse carro não é o produto anunciado, deve-se ocultar a marca ou pedir autorização ao fabricante. Talvez o fabricante tope. Talvez não, por achar que o produto anunciado ou a mensagem fere seu posicionamento de marca. E talvez (provavelmente) ele até cobre por isso.

Se, durante a filmagem em um cenário externo, uma avenida, por exemplo, a câmera enquadrar por acidente algum pedestre que está passando por ali, deve-se pedir sua cessão de imagem, ou seja, sua autorização, para colocá-lo no comercial. Caso contrário, o sujeito pode ganhar um bom dinheiro depois, processando a empresa que veiculou um comercial com seu rosto, e sem o seu consentimento. Isso representa invasão de privacidade.

Se, em uma filmagem de uma loja qualquer, for decidido filmar dentro de um shopping, deve-se pedir autorização desse shopping para uso do espaço. Mesmo que o filme só aconteça dentro da loja.

Com tantos casos distintos, podemos dividir a natureza de cada tipo de licença da seguinte maneira:

- Licenças de *copyright*
  - Para exibição de logotipos e marcas de outras empresas, que não aquelas que são objeto do comercial. Um carro, um avião, uma comida dentro da geladeira, um logotipo na camisa do ator... como são detalhes numerosos, é mais fácil buscar planos de câmera que não mostrem essas marcas, ou então ocultá-las, ou seja, escondê-las, durante a filmagem ou na pós-produção, digitalmente.
  - Obras de arte e outras obras artísticas: quadros, pôsteres, desenhos, esculturas: mesmo em um set de filmagem, é importante verificar se essas não são peças artísticas. É mais prudente utilizar, para composição do cenário, imagens e objetos produzidos em larga escala, ou seja, que se pode comprar em qualquer loja.
  - Filmes e programas de televisão: imagine uma história que acontece em uma sala. O personagem está assistindo à televisão e saboreando sua deliciosa pipoca de micro-ondas que fica pronta em apenas 2 minutos. O que está passando na tevê? Imagens compradas ou alugadas de bancos de imagens,

cenas produzidas para o próprio comercial ou cedidas pelo cliente.

- Licenças de uso de imagem
  - Imagens de pessoas: pedestres passando na rua onde está sendo produzido o comercial; atores que compõem o elenco de figuração; nomes de pessoas conhecidas. Todas as pessoas que aparecerem no comercial, nem que seja por um *frame*, nem que seja apenas por uma rápida citação de seu nome, precisam ser consultadas antes.
  - Animais: um cachorro treinado? Precisa de autorização do seu dono. Um papagaio que faz uma ponta de cantor? Precisa de autorização do seu dono. Uma galinha comprada na granja? Não precisa de autorização de ninguém.
  - Crianças: atualmente há uma legislação específica sobre a utilização de crianças em produções audiovisuais, seja em tevê ou cinema, seja em sessões de fotos. De acordo com o Tribunal Regional do Trabalho (TRT), a participação das crianças nas gravações é considerada como trabalho, e, por isso, deve estar de acordo com as leis trabalhistas. Para tal, será necessário fazer um pedido de alvará, com no mínimo dez dias de antecedência da filmagem,

para cada criança. Além desse alvará, é preciso seguir também os seguintes pontos: as gravações não podem ser no horário de aula; é proibido o trabalho entre 22 horas e 5 horas; a jornada de trabalho pode ser de até 8 horas por dia, com pausa para refeição e descanso; deve haver um intervalo de 12 horas entre um trabalho e outro; não é permitido exceder 30 horas semanais. Em casos de autuação, o fiscal ou o promotor público tem o direito de interromper as gravações, inviabilizando os projetos, além de aplicar multas.

- Licenças de uso de espaço
    - Ruas, avenidas, praças e outros espaços públicos: nenhuma equipe de filmagem pode interromper o trânsito ou atrapalhar o fluxo de pedestres sem autorização da prefeitura. Aqui no Brasil, o órgão responsável por conceder essa autorização é a Companhia de Engenharia de Tráfego (CET).
    - Administração de condomínios: muitas vezes os comerciais são filmados em casas de condomínios. Nesses casos, mesmo que não haja a utilização das áreas comuns, a licença é necessária para a entrada da equipe no condomínio, para o estacionamento

do caminhão. É a autorização de uma atividade comercial dentro de um espaço residencial.

- Shopping centers: é um caso muito parecido com o de uso de condomínios. Mesmo quando a filmagem será feita estritamente dentro da loja do anunciante, a autorização da administração do shopping é necessária para a entrada da equipe, o uso do estacionamento para estacionar os caminhões e geradores e a utilização dos corredores para a montagem da estrutura elétrica. Nos casos em que a filmagem for feita também fora da loja, em corredores e escadas rolantes, por exemplo, além da autorização para a entrada da equipe, convém solicitar à administração do shopping a ligação de luzes, de escadas e de elevadores. Alguns shoppings concedem, outros não. Neste último caso, a produção precisa se encarregar da iluminação extra, simulando a luz real do ambiente.

• Licenças e padrões legais

Esta é uma etapa muito importante em países nos quais a regulamentação sobre determinados tipos de propaganda é muito forte. Ou em que exista uma emissora com regras diferentes das normas gerais do mercado, como ocorre com a emissora Globo.

No caso da regulamentação brasileira, a legislação mais radical é sobre comerciais de cigarro: eles são proibidos. Depois, temos as regras sobre comerciais de bebidas alcoólicas: não se pode mostrar pessoas bebendo o produto e os filmes não podem ser veiculados na tevê antes das 22 horas. Há também o caso dos comerciais de brinquedos para crianças: neles, o produto nunca pode funcionar sozinho, por exemplo. É preciso ter um compromisso com a verdade, com a forma correta de funcionamento de cada brinquedo, para que as crianças não sejam iludidas. No caso de medicamentos, deve-se orientar o consumidor a sempre procurar um médico e evitar a automedicação.

E há o caso da Globo. Há alguns anos existia o "padrão de qualidade" da emissora, por meio do qual ela recusava veicular peças que não estivessem de acordo com suas diretrizes de produção. Atualmente, os limites são outros. Por exemplo: não são aceitos comerciais inspirados em algum programa ou personagem de sua grade de programação. Foi muito comentado o caso de um ator, na época em que ele fazia a novela Avenida Brasil (2013), interpretando o personagem Tufão. Pegando carona no recall do personagem, a agência VML criou um comercial de oportunidade para a Vivo. Nesse comercial, o texto do ator remetia ao personagem, dizendo que "o Brasil inteiro sabia, mas ele nem desconfiava". É que, na novela, o personagem Tufão era constantemente traído pela esposa. Existiam até fotos dela com os amantes. Todo mundo sabia das puladas de cerca, menos ele, coitado. O comercial foi veiculado apenas na internet, mas feriu as normas da emissora. No fim, a agência teve que pagar uma multa, interromper sua veiculação e se comprometer a passar os seis meses seguintes "rastreando" a internet para conseguir excluir o vídeo de outras fontes. É claro que não conseguiu.

Agência: VML, São Paulo
Cliente: Vivo
Produto: Vivo Sempre Internet
Título: Tufão
Direção: Carla Meireles e Gabi Brites
Produção: Bossa Nova Films

https://goo.gl/y62Wjr

Outra coisa que a emissora não aceita são comerciais que mostrem, mesmo que sutilmente, uma marca além daquela que assina o filme. É a chamada duplicidade, muito frequente em comerciais de varejo. Para exemplificar: o varejista pode vender uma oferta de tevê, mas não pode "adjetivar" o produto. Segundo a emissora, esse papel é do fabricante da televisão. Se a loja anunciante quiser enaltecer o produto vendido, tem que pagar à emissora um custo de 40% a mais sobre o valor da inserção, já que o anúncio será de dois produtos.

Contratação de seguros

Até a mais simples das filmagens precisa estar coberta por uma boa apólice de seguros. O seguro pode cobrir os equipamentos, como câmeras e iluminação; pode cobrir o bem-estar da equipe, como atores e pessoal da produção; e também objetos cenográficos, especialmente quando se filma em locação.

Muita coisa pode acontecer em uma filmagem: já vi eletricista quase cair de andaime a 5 metros de altura depois de levar um choque; tive que ajudar carregadores a não amassar o pé depois de deixar escorregar uma caixa gigante. E outro caso real: eu acompanhava a filmagem de um comercial em uma locação, uma excelente casa em um condomínio fechado próximo a São Paulo. No filme, um casal apostava uma corrida para ver quem chegava primeiro à loja do anunciante. Em determinada cena, a mulher saía do quarto e descia a escada correndo. Então, seu marido aparecia e a ultrapassava, escorregando pelo corrimão. Esse detalhe é crucial: escorregando pelo corrimão. Ensaiamos uma vez, depois mais uma, filmamos o primeiro take. Tudo certo. E, no segundo take, veio o imprevisto: o cara simplesmente despencou lá de cima, de uns 3 metros de altura. A sorte é que colocaram embaixo da escada uma pequena plataforma, coberta com algumas finas espumas. Ele caiu igual a um boxeador nocauteado pelo Mike Tyson, batendo a lateral do rosto com força. E ficou lá, imóvel, deitado. A equipe de produção correu para ajudá-lo, mas felizmente não aconteceu nada grave, e o seguro de acidentes pessoais não precisou ser usado. Você pensa que acabou por aí? Eu também pensei. Quando vi os carregadores descobrindo a pequena plataforma debaixo da escada, percebi o que ela realmente era: o piano da casa! Conclusão: a faxineira, que estava por ali de vigia, logo dedurou para a patroa o que aconteceu. Quando fui embora, a vi de cara feia, fazendo a vistoria do fabuloso Steinway & Sons. Tomara que a produtora tenha contratado o seguro para objetos.

Seleção de locações ou reserva de estúdio

Depois de discutido o roteiro com a agência, a produtora opina sobre o que considera mais viável e produtivo para a filmagem: utilizar estúdio ou alugar uma locação. A locação pode ser uma casa, um apartamento, uma fazenda, uma igreja, uma rua, um parque. Tudo que não for estúdio é considerado locação. Para buscar a melhor opção, a produtora pode procurar por conta própria ou contratar um profissional especializado, o produtor de locações. Esse sujeito se compromete a apresentar opções a partir de um briefing passado pela produtora, as quais são fotografadas e apresentadas ao diretor do filme.

A locação ideal é aquela que tem as características criativas de que o comercial precisa para transmitir sua mensagem e o clima proposto. Por exemplo: modernidade ou conservadorismo; ambiente claustrofóbico ou amplo; muita luz natural ou penumbra total, e assim por diante. E, além dessa natureza criativa, é muito importante também considerar a parte técnica, ou seja, o potencial da locação para facilitar as exigências da produção: pé direito alto para montagem de iluminação; grande recuo para facilitar diferentes planos de câmera; área livre caso se deseje utilizar travelling; rua sem poluição sonora, se a produção tiver som direto; área de estacionamento disponível para caminhões e veículos da equipe; facilidade para obtenção de autorizações públicas; potencial para realizar toda a produção na mesma locação. Este último ponto requer mais atenção. Quanto mais deslocamentos, mais caro fica o comercial. Por isso, ao escolher a locação, deve-se avaliar se no local é possível fazer todas as cenas necessárias. Caso o filme aconteça em duas salas diferentes, o ideal é escolher um local que já tenha duas salas, ou que possibilite a caracterização de duas salas diferentes no mesmo ambiente; se a história acontecer em um escritório e em um jardim, é importante que a locação já tenha esses dois ambientes.

Agência: Mcgarrybowen, Londres
Cliente: Honda
Produto: Honda CR-V
Título: Illusions
Direção: Chris Palmer
Produção: Gorgeous

https://goo.gl/87ZcWm

No caso do estúdio, as grandes produtoras têm o seu próprio local. Geralmente são amplos galpões com pé direito muito alto, fundo infinito, profundidade e largura avançadas, grandes portões que possibilitam a entrada de pequenos caminhões para entrega e retirada de equipamentos.

Figura 1 – Visão geral de um estúdio.

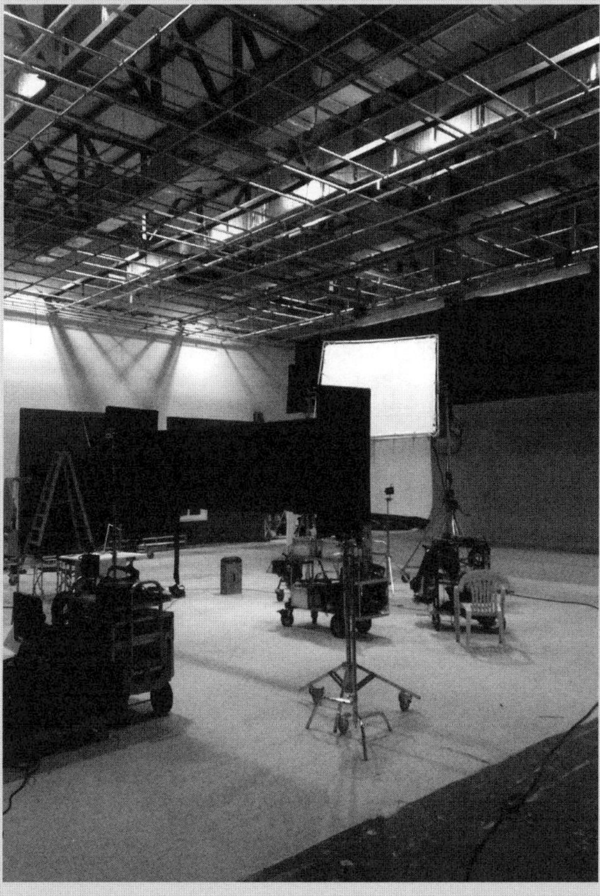

Crédito: Foto do autor

Trabalho com um cliente que construiu um dos melhores estúdios do Brasil. Como a demanda por filmes desse cliente é muito grande – média de três por semana – e muitos deles se passam em uma loja, seria trabalhoso e oneroso demais filmar em lojas reais. Por outro lado, a locação de estúdio se complicava por causa da grande quantidade de material a ser transportada: geladeiras, televisores, fogões, letreiros, balcões, enfim, tudo o que existe em uma loja de verdade. A solução foi construir um estúdio dentro do próprio centro de distribuição da empresa, em Jundiaí. Foi uma ótima ideia. Ali, temos total controle sobre datas e horários de filmagem e absolutamente todos os produtos que precisamos estão, literalmente, a poucos passos. O estúdio é imenso, e completo: tem vestiários, camarins, refeitórios, salas de reuniões, estacionamento, estrutura elétrica, recuo, pé direito de 10 metros. E outro ponto muito delicado para empresas de varejo foi solucionado: a questão do sigilo de informações. Com os filmes sendo feitos dentro do próprio centro de distribuição, fica muito mais fácil controlar o fluxo de informações importantes para cada campanha, como os preços e as condições de pagamento que serão anunciados.

Construção do set de filmagem

Se a produtora decidir realizar a filmagem em estúdio, é preciso construir o que se chama de set de filmagem. Hoje, praticamente todo tipo de ambiente pode ser reproduzido em estúdio: apartamentos, escritórios, lojas, restaurantes, etc. O principal responsável pela concepção do set é o diretor de arte. É ele que buscará fazer com que o cenário fique o mais parecido possível com um ambiente real. Além da planta do ambiente, o diretor de arte coordena a equipe para compor detalhes como decoração, cores e iluminação. Depois de projetado, o diretor de arte aprova o set com o diretor de cena, e assim parte-se para a sua construção definitiva.

Figura 2 – Projeto 3-D para a construção de cenário.

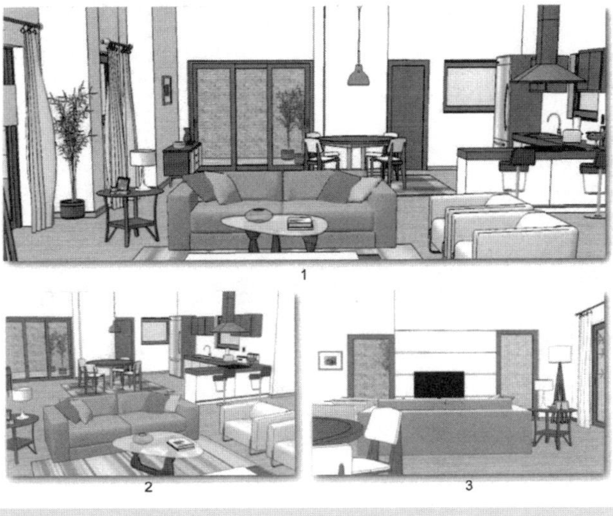

Crédito: Projeto do autor

Figura 3 – Depósito de materiais para a construção de cenários.

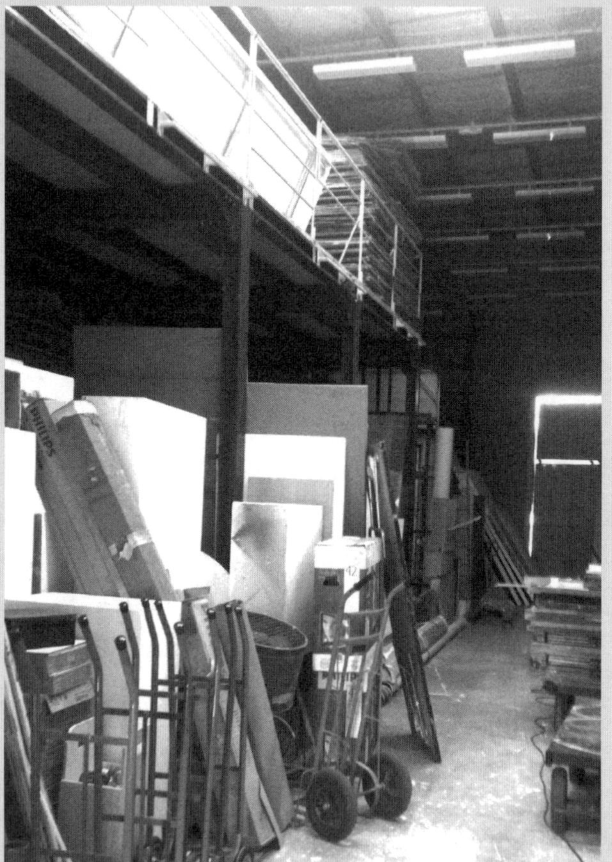

Crédito: Foto do autor

Seleção de elenco

O responsável pela procura e seleção dos atores é o produtor de casting. Seu trabalho começa após o recebimento do briefing, que apontará quais os perfis, o sexo e o estereótipo dos atores necessários para o filme. O papel de um ator pode ser de três tipos:

- Ator principal: é aquele que conduz a narrativa. Tem diálogos, ações importantes, é o centro de atenção da câmera. Por sua maior exposição, normalmente é um ator mais experiente.
- Ator secundário: é o ator de apoio, que não é o centro de atenção da narrativa, mas tem um papel importante. Por exemplo: o ator principal do comercial é uma mulher, que experimenta um produto *diet*. Mas, em um determinado momento do filme, seu marido aparece e conversa algo com ela. Esse marido é o ator secundário.
- Ator figurante: é o ator que compõe a massa de pessoas que apenas preenche o quadro, fazendo com que a cena pareça mais real. São os pedestres em uma avenida, os alunos de uma sala de aula, os torcedores em um jogo de futebol, os clientes de uma loja de departamentos. Exatamente pela inexperiência do ator figurante, é preciso

que o diretor fique muito atento à interpretação de cada um. O ator figurante é o aspirante a ator secundário.

Um colega me contou esta história: em uma filmagem, tudo estava ocorrendo tranquilamente. Os atores principais acertavam seus textos, a iluminação estava perfeita, a câmera conseguia cumprir cada movimento combinado. Já no final da diária, quando a equipe estava revendo o material captado, o diretor de arte da agência reparou que um dos figurantes piscava para a câmera quando era enquadrado. Uma piscadela sutil, esperta. Que destruía a cena. Começaram a buscar outros takes, e imagine a alegria da equipe ao perceber que o cara piscava em *todos* os takes. A cena teve que ser refeita, claro. Sempre com um sonoro berro do diretor: "Ninguém pisca!".

Além do papel dramático, com a importância que cada ator terá no comercial, a pré-seleção também depende de três fatores:

- Adequação ao comercial

Um dos primeiros pontos de identificação do target com o comercial acontece por meio dos atores que estão em cena. A idade, o estilo, o sexo, o modo de falar, o tom de voz, o jeito de andar. Todas as características são importantes para que o público se sinta representado na tela. Às vezes, porém, o objetivo é outro: é o caso de comerciais com toque de humor, nos quais estereótipos exagerados são usados não para gerar identificação com o target, mas para potencializar a construção da mensagem.

- Adequação ao cliente

Atendi um cliente que sempre tinha a preocupação de representar em seus comerciais as diversas etnias: negros, orientais, brancos. Segundo ele, essa preocupação com a democratização do elenco era muito importante porque o objetivo de sua marca era exatamente este: tornar-se democrática e popular.

Outro caso interessante foi quando criei uma campanha para a AACD, reconhecida entidade de assistência a portadores de deficiência. Depois de o comercial ser aprovado, soubemos que o cliente fazia questão que o ator principal fosse um ator portador de deficiência, que estivesse sendo atendido pela instituição.

E, ainda, há aqueles casos clássicos de preciosismo ou chatice de anunciante, chame como quiser. Por exemplo: conheci um diretor de marketing que não queria ver homens de barba em seus filmes. Para ele, era sinal de falta de higiene. Simples assim.

- Disponibilidade e interesse do ator

É muito importante que o perfil do ator seja adequado ao comercial e ao anunciante. Mas, por outro lado, é fundamental verificar se o ator escolhido está disponível e se tem interesse em fazer o comercial.

Em primeiro lugar, a disponibilidade depende de sua agenda, ou seja, se não tem outra filmagem na mesma data. Depois disso, vem a disponibilidade contratual: o ator dirá se não está preso a um contrato de exclusividade com outro anunciante.

E o fator "interesse do ator"? Isso entra em discussão especialmente quando se está negociando com atores famosos, que têm muita preocupação em não atrelar sua imagem a marcas que não considerem favoráveis ao seu estilo, ao seu tipo. Um ator pode recusar fazer um comercial de varejo de uma marca popular, porque isso pode fechar portas, ao menos no curto prazo, para comerciais de marcas mais sofisticadas. E vice-versa. É difícil, mas às vezes a recusa do ator acontece.

Feita a pré-seleção, o produtor de casting monta um *book* com fotos dos atores e prepara um teste de VT com algumas opções para cada um dos papéis. Geralmente o teste é realizado com a interpretação de um dos trechos do roteiro, o que facilita muito a análise da performance do candidato. Esse teste, então, é apresentado para o diretor de cena e, depois dele, para o RTV e para a criação da agência.

Um caso específico sobre a contratação de atores é quando se vai utilizar uma celebridade. Como já foi dito anteriormente, a contratação de uma celebridade é orçada e apresentada ao anunciante preferencialmente antes da reunião de pré-produção, para verificar se ele está disposto a arcar com o custo do cachê.

Locação ou produção de figurino

A escolha do figurino também depende do briefing apresentado na reunião de pré. Por meio dele, o produtor de figurino entenderá a intenção e a característica de cada um dos personagens. É importante considerar o target da mensagem e o posicionamento da marca. Às vezes, até uma determinada paleta de cores é passada para a produtora.

O passo seguinte é buscar referências dos tipos de roupas, por meio de um *book* de fotos que será submetido à aprovação do diretor de cena e, muitas vezes, também do RTV e da criação da agência. Só então, depois de tudo aprovado, inicia-se o processo de locação, compra ou confecção das peças.

Locação ou produção de mobiliário e objetos

A escolha do mobiliário e dos objetos tem um processo muito parecido com o da escolha do figurino. O briefing, a paleta de cores, o perfil da locação, o posicionamento da marca, o target do comercial. Tudo é considerado para que o ambiente seja construído e decorado obedecendo a esses critérios. Definidas as características do que se pretende, a produtora tem três caminhos: alugá-los em empresas especializadas, o que é muito comum em filmes de época; utilizar seu próprio arquivo de objetos, um depósito construído ao longo do tempo onde fica guardado o que já foi usado em outras produções; e, por fim, produzir os objetos, caso as duas opções anteriores não sejam a solução.

A produção

Agora a produção está a mil por hora. Equipe completa, atores contratados, cenário quase finalizado. As questões jurídicas estão resolvidas, o diretor já está se imaginando no set, o pessoal da agência não vê a hora de a filmagem começar.

Mesmo depois de todo o avanço na linguagem e na indústria da propaganda, com o surgimento de novas mídias e de novas formas de fazer publicidade, o filme publicitário não deixou de ser a menina dos olhos dos anunciantes e das agências. Considere mídia impressa, mídia exterior, mídia digital, ações, projetos especiais, tudo o que você quiser. Ainda assim, dentro da campanha de marketing da maioria dos anunciantes, o comercial é a peça que merece mais atenção. É a mais cara, a mais complexa de se criar e de se produzir. A mais charmosa. Tanto é que alguns clientes fazem questão de acompanhar o processo de produção do comercial. Opinar na escolha de atores. Sugerir ângulos de câmera incríveis. Torça para isso nunca acontecer com você.

A REUNIÃO DE PRODUÇÃO

Profissionais envolvidos

A turma envolvida na reunião de produção é exatamente a mesma que participou da reunião de pré-produção. A não ser, é claro, que um dos dois lados, produtora ou agência, resolva levar uma pessoa específica, contatada após a reunião de pré, e que pode acrescentar muito ao processo. Já aconteceu isso comigo algumas vezes. Em uma delas o convidado de honra foi um parceiro do produtor de áudio. O job era um comercial em homenagem ao dia dos pais. A linguagem era bem emotiva, e a trilha muito importante. O que aconteceu? O produtor de áudio levou para a reunião de pós, simplesmente, um ex-arranjador dos Beatles.

Recapitulando, os participantes cativos são os seguintes, começando pela agência:

- Diretor de criação
- Dupla de criação
- Diretor de RTV

- Assistente de RTV
- Atendimento

E por parte da produtora e de seus parceiros:

- Produtor
- Produtor executivo
- Diretor de cena
- Assistente de direção
- Atendimento
- Diretor de computação gráfica ou diretor de animação
- Produtor de áudio

A pauta da reunião de produção

A esta altura espera-se que não apareça nenhuma novidade problemática. Como diria o "filósofo" Joel Santana, vamos à "solucionática".

A solução de todas as questões discutidas na reunião de pré agora tomam forma na apresentação de opções para a aprovação de cada assunto que ficou pendente. Tudo é reunido em um único material, a pasta de produção. Essa pasta tem valor de documento e mostra em detalhes o que foi combinado entre agência e produtora. É um guia de produção bem detalhado. Começa com o roteiro, depois vem o shooting board, e assim por diante, abrangendo todos os pontos que você verá a seguir.

Shooting board

O objetivo do shooting board é mostrar, quadro a quadro, como o diretor de cena imagina o filme. Portanto, quanto mais detalhado, melhor. O shooting ideal mostra os planos de câmera, a reação dos personagens, o figurino, a direção de arte, a quantidade de cortes do filme, os close-ups para destacar o produto, a forma de apresentação do packshot. Com esse instrumento, o diretor desenha o comercial inteiro. Mostra tudo o que está na sua cabeça. Por todo o seu detalhamento, o shooting é essencial na reunião de produção. Graças a ele podemos ter uma ideia muito próxima de como ficará o filme depois de finalizado; e a agência, por sua vez, pode avaliar se a história desenhada representa realmente o que está no roteiro.

Há muitos anos se usa ilustração para representar uma história que será filmada. Porém, quem fez com que esse processo se tornasse parte fundamental da produção de um filme foi o genial Walt Disney. A partir do clássico *Peter Pan*, todas as suas produções eram baseadas em shooting boards.

Agência: Lage'Magy, São Paulo
Cliente: AACD
Produto: Institucional
Título: Biblioteca
Direção: João Carvalho
Produção: Produtora Associados
Ilustração: Jesus Dias

https://goo.gl/PrbUcZ

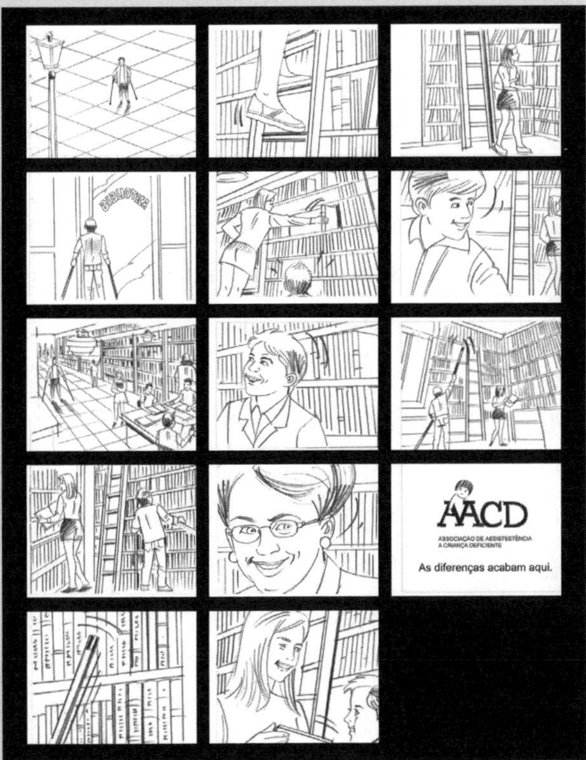

Ilustração: Jesus Dias (www.ilustraqaq.com.br)

Aprovação da locação ou set e cenografia

Depois do briefing recebido pela agência com relação a cenário e cenografia, a produtora já fez sua busca e seleção dos locais onde será feita a filmagem. Agora é a hora de apresentar essas opções para a agência.

Por meio de fotos, pode-se ter uma boa ideia do set onde o comercial tomará forma. O diretor de cena sempre diz qual é sua recomendação e o pessoal da agência costuma levar em conta. Com o cenário, é aberta também uma breve discussão sobre a composição dos ambientes: cores, estilo de decoração, objetos a serem utilizados, etc.

A enorme variedade de objetos que compõem o cenário pode ser classificada das seguintes maneiras:

- Objetos de ação: tudo aquilo que, durante a gravação de uma cena, pode ser tocado ou utilizado pelos atores para compor a história. As revistas em cima da mesa, uma roupa no armário, uma pasta de dentes no banheiro. É muito importante que se tenha cópias desses objetos.
- Objetos decorativos: são aqueles adereços usados basicamente para compor o cenário, como móveis, objetos de decoração e quadros.
- Objetos específicos: são aqueles elementos que precisam de atenção especial: um pássaro que participará

do filme, um automóvel, uma peça de decoração muito antiga.

- Objetos cruciais: são peças muito, muito específicas, que requerem ainda mais cuidado principalmente para parecerem críveis. Por exemplo, uma roupa de astronauta.

Aprovação do elenco e distribuição de papéis

Feita a seleção dos atores e realizado o teste de VT, o diretor de cena escolhe aqueles que considera mais adequados ao comercial. O ideal é que não sejam muitas opções, e é muito importante que ele diga qual é sua preferência.

Na pasta de produção, temos uma ou algumas fotos de cada ator, com seu nome e idade, e uma indicação do papel que o candidato terá no comercial. É então apresentado o teste de VT, no qual se deve avaliar a fotogenia do ator, sua aparente faixa etária, seu tom de voz, seu estilo. Depois das escolhas, a produtora entra em contato com o agente, confirma a reserva de data para a filmagem e solicita que o ator não modifique suas características visuais. Por exemplo: se no teste de VT ele estava de barba e a agência fez a aprovação assim, pede-se que ele continue de barba; se uma atriz estava com o cabelo grisalho, orienta-se que ela não pinte o cabelo.

Figurino e acessórios

O tipo de roupa, com suas cores e estilos, e também alguns acessórios mais marcantes, como chapéus e óculos escuros, também são apresentados na pasta de produção, por meio de algumas fotos de *looks*, com modelos vestidos da forma como o diretor de cena e o diretor de fotografia imaginam ser a ideal. Com base nessas fotos é aberta uma discussão para se escolher os figurinos e os acessórios ideais para cada personagem.

Trilha sonora

A participação do produtor de som na reunião de produção pode ser importante para ele apresentar à agência algumas referências do tipo de trilha que imagina, caso não tenha feito isso na reunião de pré. Essas referências podem levar a uma maior assertividade no tom da trilha sonora, antecipando a discussão sobre o andamento, a quantidade de instrumentos e o clima da música. Já com a referência de locução, analisa-se o tom da voz, a faixa etária, o tipo de emoção e também a "intenção" que o locutor transmite: convencer, sendo mais enfático; conquistar, com um tom de narrador.

Com a união de quatro elementos – música, diálogos, efeitos sonoros e silêncio –, cria-se a identidade sonora do comercial. Sua personalidade audível. Assim, mesmo que o espectador esteja no famoso intervalo para ir ao banheiro, ele vai ouvir o comercial e identificar o produto. E muito além disso: a linguagem sonora, quando construída com talento, pode gerar verdadeiras obras-primas.

Agência: Fallon, Londres
Cliente: Sony
Produto: Sony Bravia
Título: Balls
Direção: Nicolai Fuglsig
Produção: MJZ

https://goo.gl/RYdA1d

Efeitos visuais

Nesta etapa da reunião, a discussão é sobre como realizar algumas cenas que são impossíveis de se fazer em estúdio; é sobre sugestões de otimização do tempo de filmagem, substituindo cenário por chroma key; enfim, é sobre tudo o que será realizado digitalmente, em pós-produção.

Com a impressionante evolução das técnicas de computação gráfica, cada vez mais tem-se utilizado cenários virtuais, mapeamento de movimento de pessoas para aplicação em robôs, correções de maquiagem após a gravação das cenas, etc.

Em um comercial de material esportivo cujo cenário é um estádio lotado, filma-se apenas alguns figurantes, depois eles são multiplicados, por computação gráfica, e enchem o estádio. Pássaros que não existem são modelados em 3-D, e a imagem gravada com a utilização de drones transforma-se na câmera subjetiva das aves. Não existe mais limite. Se algum efeito visual não pode ser realizado com perfeição, há apenas uma explicação: falta de verba para pagar seu custo. Porque, atualmente, absolutamente tudo o que você imaginar pode ser feito.

Agência: Mother, Londres
Cliente: Ikea
Produto: Institucional
Título: Beds
Direção: Juan Cabral
Produção: MJZ
Efeitos visuais: MPC

https://goo.gl/4pDKPV

Aprovação do cronograma de produção

O primeiro cronograma de produção já foi apresentado e discutido no final da reunião de pré-produção. Agora, com tantos assuntos em andamento, alguns já finalizados e outros não, é possível elaborar o cronograma final de produção, no qual serão apontados prazos para alguns assuntos fundamentais. A seguir, um exemplo real:

Cronograma

12/8 – segunda-feira: reunião de produção
13/8 – terça-feira: construção dos cenários
14/8 – quarta-feira: construção dos cenários
15/8 – quinta-feira: finalização dos cenários – pintura
17/8 – sábado: decoração e pré-light
18/8 – domingo: *free*
19/8 – segunda-feira: filmagem – 1ª diária
20/8 – terça-feira: filmagem – 2ª diária
21/8 – quarta-feira: montagem
22/8 – quinta-feira: montagem
23/8 – sexta-feira: apresentação off-line para agência e cliente
24/8 – sábado: possíveis ajustes/finalização
25/8 – domingo: geração de arquivos e cópias de veiculação

Todos concordam com essas datas? Sim? Alguém tem alguma observação? Então, ótimo. Vamos à próxima etapa.

O DIA DE FILMAGEM

Caro leitor, vou ser bem sincero: quando tive a ideia de escrever este livro, meu principal objetivo era contar sobre a filmagem do comercial. A filmagem *mesmo*. A câmera ligada.

O diretor gritando. Os atores dando show. Eu ia falar um pouco sobre a fase de pré-produção, sobre os envolvidos, mas apenas para chegar ao assunto principal: o set. Tanto que este livro, inicialmente, iria se chamar "Manual de filmagem de comerciais". Então fui percebendo que tinha muito mais a dizer.

Para contar a você exatamente como se faz um filme, eu também tinha que ir para a reunião de pré, para a montagem do cenário, para a ilha de edição. Tentei ser claro, direto e conciso até aqui, relatando cada etapa da produção. Mas, enquanto eu ia escrevendo, parecia que o assunto ia se multiplicando. Eu lembrava de um processo, que puxava outro; falava de um profissional, que levava a mais um... Deu no que deu e aqui estamos nós, no meio de uma produção gigantesca para um job muito importante: ajudar você a virar um craque na produção de comerciais. Com este calhamaço de informações, espero tê-lo ajudado a perceber como o processo é cheio de detalhes. Envolve muita gente, muito equipamento, muita discussão, muitas ideias. Muito de tudo.

É um caminhão de dinheiro que está sendo investido para gerar outros caminhões de dinheiro para o anunciante. Claro, se tudo der certo. E tem que dar. Propaganda não é gasto, é investimento. Mas deve ser investimento tipo renda fixa, controlável. Nada da emoção de investir em ações. Cliente nenhum produz comercial se houver chance de perder dinheiro. O que eles querem, no mínimo, é ter um retorno que devolva o valor investido. Tudo no azul. Se a fase de pré-produção foi feita com organização e atenção, a filmagem ocorrerá tranquilamente. Bastará seguir o planejamento traçado.

Você está pronto para entrar no set? Seu nome está relacionado no planejamento de filmagem? Então fique à vontade, sua cadeira está na frente do video assist.

A seguir, apresento-lhe toda a equipe de filmagem. Um a um. É um grande número de profissionais que fazem a mágica da gravação do comercial acontecer. Aproveite o show.

A equipe de filmagem

O tamanho da equipe de filmagem pode variar muito, dependendo da complexidade do filme e do orçamento da produção. Comerciais mais caros podem precisar de uma equipe de cerca de quarenta pessoas, sem contar o elenco. Nesses casos, podemos encontrar a hierarquia completa: chefes de equipe e assistentes; carregadores e montadores; pintores e carpinteiros. Em produções mais baratas, ao contrário, vemos uma equipe reduzida, em que cada profissional é responsável por diversas atividades. Com organização, colaboração e criatividade, não há limites para se fazer um bom trabalho. O diretor de cena sem assistente. O fotógrafo que também é cameraman e operador de microfone. O designer de produção que também é maquiador e figurinista. Todo mundo é tudo. Você ainda vai passar por casos parecidos e vai ver que o aprendizado é muito, muito recompensador. O resultado sempre acaba ficando bom, e os envolvidos aprendem a lidar com os diversos aspectos e imprevistos da produção. É adrenalina pura. Um comercial de verba limitada é uma verdadeira oficina de ideias.

Mas você sabe: aqui, neste livro, dinheiro é o que não falta. Nosso milionário cliente esbanja, nem negociou o orçamento. O comercial promete entrar para a lista dos melhores e mais caros da história. Por tudo isso, nossa equipe de produção é completíssima. De dar inveja a Hollywood.

É como uma empresa: a equipe de filmagem é dividida em departamentos; cada um com funções específicas e um líder coordenando todos eles.

Produção

- Diretor de produção: sabe tudo o que está acontecendo ao redor do comercial. Ou seja: garante que toda a demanda técnica, de pessoal e de material esteja em ordem para que a filmagem aconteça tranquilamente.

Direção

- Diretor: o maestro da filmagem. É quem melhor conhece os detalhes de cada etapa da produção do comercial.
- Primeiro assistente de direção: é o braço direito do diretor. Conhece muito bem o roteiro e fica atento para garantir que tudo que foi combinado na pré-produção seja executado. É alguém em quem o diretor confia, inclusive para mandá-lo parar, caso algum ponto desvie do que foi combinado com a agência. É responsável também por cronometrar o tempo de cada take e por preencher informações importantes em um boletim de controle, o relatório de produção.
- Segundo assistente de direção (continuísta): em comerciais, geralmente essa função é realizada pelo primeiro assistente. O continuísta é alguém que garante que cada plano tenha as mesmas características do plano anterior com relação à luz, à posição de objetos, à maquiagem, ao figurino, etc.

Departamento de câmera ou de fotografia

- Diretor de fotografia: é quem materializa o conceito de iluminação. Responsável por todo o design da luz do filme, concebendo as características estéticas dos tipos de iluminação para cada plano, bem como eventuais efeitos de filtragem na luz (gelatinas nos refletores ou filtros na câmera), para obter colorações específicas ou balancear a incidência da luz. O diretor de fotografia considera as relações de contraste da luz e do filme. A partir daí, escolhe qual a exposição correta para cada plano filmado.

- Operador de câmera: enquadra a cena segundo orientações do diretor de cena e do diretor de fotografia. Diversas vezes, em filmagens de comerciais aqui no Brasil, quem desempenha essa função é o próprio diretor de fotografia.
- Primeiro assistente de câmera: é o braço direito do diretor de fotografia. Verifica enquadramento, foco, lentes; realiza a limpeza e manutenção do equipamento; conhece muito o equipamento e o roteiro, auxiliando o fotógrafo técnica e esteticamente.
- Segundo assistente de câmera: guarda, carrega e descarrega as imagens digitais geradas pela câmera e manuseia a claquete.
- Assistente de iluminação: monta e liga as luzes do set.
- Maquinistas: responsáveis pela preparação e operação de equipamentos como travelling, gruas, guindastes, etc.

- Eletricistas: garantem a energia elétrica no set, operando geradores e ligando e desligando cada equipamento corretamente.

Departamento de arte

- Desenhista de produção: ilustra cenários, objetos e até figurino.
- Diretor de arte: supervisiona os conceitos visuais.
- Pintores cenográficos: pintam paredes, chão, teto, enfim, o set inteiro.
- Marceneiros cenográficos: levantam as paredes, constroem tapumes e divisórias do set.
- Aderecista: providencia objetos cenográficos.
- Cenografista: decora o set com os objetos cenográficos.
- Figurinista: providencia o figurino.
- Maquiador: responsável por todo tipo de maquiagem dos atores.
- Coreógrafo: faz a supervisão de danças, sinais, de coreografia em geral.

Departamento de sonorização

- Operador de áudio/técnico de som: responsável por acompanhar e equalizar, na mesa de som, a captação de áudio das cenas, como diálogos e som ambiente.
- Operador de microfone (*boom operator*): segura o microfone próximo ao ator, mas, claro, fora do enquadramento da câmera.

Departamento de efeitos especiais

- Técnico em efeitos cênicos: coordena os dublês e efeitos cenográficos.
- Assistente: passa orientação aos dublês, faz ajustes de cenário, verifica mecanismos necessários para os efeitos especiais acontecerem corretamente.

Outros profissionais ligados a todos os departamentos

- Auxiliares: carregadores, faxineiros, outros serviços braçais.
- Serviços gerais: provisões, alimentação.
- Motorista: transporte da equipe e de equipamentos.
- Assistência médica e bombeiros: presentes especialmente em filmagens em que há algum tipo de risco para a equipe.

As etapas da filmagem

Cenografia

"São 6 horas da manhã. O asfalto já foi lavado. Os cones que dividem as duas faixas da avenida estão sendo retirados. A CET desviou o fluxo de veículos para a rua paralela. Um enorme tapume foi colocado na outra ponta da rua, e é atrás dele que ficará a tenda para a equipe de produção e da agência. Alguns carros foram cuidadosamente estacionados, deixando espaço para as pessoas que vão passar correndo pela rua. Todas elas, atores."

Você acabou de presenciar um exemplo real de preparação do set de filmagem. No caso, o set era uma avenida. Foi um comercial para uma rede varejista, com minha direção de criação pela agência Young & Rubicam. No filme, três velocistas aparecem correndo no meio da rua, até começarem a ser ultrapassados por pessoas comuns: uma velhinha, uma mãe com o bebê no carrinho, um executivo de terno. No final, todos estão indo para a loja.

Corta. Agora estamos em uma casa de condomínio. Uma locação. A equipe de produção retira aqueles objetos que precisam de autorização de uso de imagem ou que não se enquadram no conceito do filme. Entram em cena objetos da própria produtora. A enorme sala da casa é totalmente transformada.

Na verdade, vira duas salas, como o comercial precisa. Em um dos cantos está montada a sala mais sóbria, em cores pastéis, luz quente, com uma grande prateleira de livros atrás do sofá. No outro canto, está a sala mais moderna, *clean*, branca, com metais e uma poltrona amarela. Uma cortina falsa é colocada na frente da porta, simulando uma janela. Fica perfeito.

Corta. Estamos em um estúdio. Pintores fazem os últimos retoques na textura que imita tijolo. Cenógrafo, diretor de arte e produtor de objetos, juntos, compõem o clima do ambiente, a entrada de luz, o lugar certo para cada elemento cenográfico. Tudo seguindo o shooting board. Verificam os recuos para a colocação de câmeras, trilhos e gruas; conferem a altura para o posicionamento da iluminação e dos microfones.

O que falta? Ah, sim, falta o material do cliente, que já chegou. A cadeira é posicionada no cenário. O bolo é preparado na cozinha de apoio. E o par de tênis de corrida, que só vai entrar em cena com o ator, é guardado em um local seguro e tranquilo.

Chegada dos equipamentos

Figura 4 – O caminhão lotado de equipamentos.

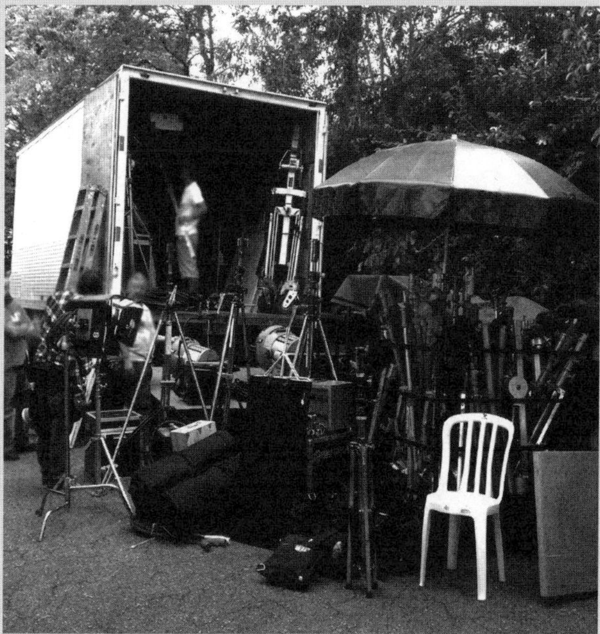

Crédito: Foto do autor

Abram o caminhão, o circo vai ser armado. Luzes, cabos, rebatedores, câmeras, tripés, trilhos, mais cabos. A quantidade de equipamentos que chega é absurda. O responsável por cada departamento orienta os carregadores sobre onde colocar toda essa parafernália.

A seguir, uma relação desses equipamentos, com uma breve descrição sobre cada um. Lembre-se de que não é sempre que você verá tudo isso em uma filmagem. Aliás, é impossível descrever 100% do que pode existir no set. Depende da verba de cada comercial, da ideia do filme, das exigências do diretor, etc.

EQUIPAMENTOS DE VÍDEO

- Câmera principal. Há três variações básicas:
  - Câmeras HD ou 720p ou 720i: esse número refere-se ao tamanho do vídeo. Corresponde a 1.280 pixels de largura por 720 pixels de altura, gerando uma imagem em formato panorâmico (widescreen).
  - Câmera Full HD ou 1.080p ou 1.080i: refere-se ao tamanho Full HD (alta definição completa). Corresponde a 1.920 pixels × 1.080 pixels.
  - Câmera 4K: é a que possui a maior resolução de vídeo, usada principalmente em cinema e para animações geradas por computador. O tamanho da tela do vídeo é de 4.096 pixels × 3.072 pixels.

Todos esses formatos trabalham a 30 ou 60 frames por segundo ou mais, em formato widescreen, com uma proporção de 16:9.

- Câmera reserva: acompanha a especificação da câmera principal, ou seja, para filme ou HD.
- Jogo de lentes.
- Tripés: para apoiar as câmeras.
- Estabilizadores (*steadicam*): suporte para minimizar o balanço da câmera, quando se grava com ela nas mãos.
- Gruas: são como guindastes, para se levantar a câmera sobre o cenário.
- Dollies: carrinhos, que podem ou não serem controlados eletronicamente.
- Drones e helicópteros: para filmar cenas aéreas.
- Trilhos ou *sliders*: para movimentos de câmera e captação de cenas em travelling.
- Filmes (35 mm ou 16 mm) ou cartões de memória (se for gravar digitalmente).
- Baterias e carregadores para a câmera.
- Teleprompter: monitor onde o ator lê o texto da cena.
- Video assist: monitor usado para a equipe acompanhar a cena em tempo real ou ver o *replay*.

Figura 5 – O video assist.

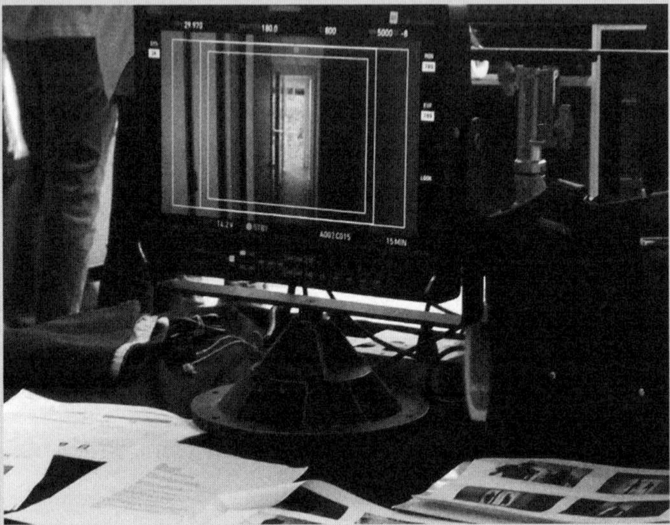

Crédito: Foto do autor

EQUIPAMENTOS DE ILUMINAÇÃO

- Lâmpadas de diversas potências e tipos. Três exemplos:
  - Tungstênio: um bulbo de luz comum que contém um fino fio de tungstênio que se torna incandescente. Conhecida também como luz incandescente.
  - Halogênio: tipo de lâmpada em que o filamento de tungstênio é selado em uma cápsula preenchida com gás halogênio.

- Incandescente: produz calor por meio do aquecimento de um filamento até ele brilhar. O brilho é causado pela resistência do filamento à corrente que o atravessa.

- Refletores: é onde as lâmpadas são fixadas. Possuem bordas móveis para ajudar no direcionamento da luz. Exemplos:
  - Spot: usado para se obter um feixe de luz controlado e estreitamente focado.
  - Flood: produz um feixe de luz amplo, menos direcionado e intenso que um spot.
  - Fresnel: possui uma lente com sulcos circulares elevados em sua superfície externa. A lente do fresnel é usada para focar o feixe de luz.
- B*arn door* ou bandô: nome de cada uma das placas metálicas frontais de alguns modelos de refletores. Servem para moldar o feixe de luz.
- F*lags* ou bandeiras: placas metálicas utilizadas para barrar parcialmente a luz proveniente de um refletor.
- Light meter: ferramenta usada para medir a luz e indicar o ajuste ideal de exposição.
- Tripés: hastes onde se fixam os suportes.
- Difusores ou gelatinas: folhas utilizadas para diminuir a intensidade de determinados tipos de luz.

- Rebatedores: placas brancas, de tecido, isopor ou papel, que auxiliam na composição da luz, ou seja, na criação ou eliminação de sombras e na acentuação de detalhes de expressão.

EQUIPAMENTOS DE ÁUDIO

- Microfone direcional (shotgun): montado sobre uma haste móvel, é aquele que fica "em cima" dos atores.
- Boom: haste metálica para fixação do microfone direcional.
- Proteção de lã para microfone direcional: usada para reduzir o som do vento e outros ruídos de fundo.
- Microfone multidirecional: usado para captar sons ambientes.
- Microfone de lapela (lavalier): para quando o uso do microfone direcional for difícil.
- Dispositivos wireless para microfones de lapela: para eliminar os cabos que ligam os microfones à mesa de som.
- Mesa de som ou *mixer*: equipamento que integra todos os sons captados. Possui canais de áudio que possibilitam equalização e acompanhamento do som, no set.
- Fones de ouvido: para melhor acompanhamento do que está sendo gravado e bloqueio de ruídos sonoros, facilitando o trabalho do operador de som.

EQUIPAMENTOS DE ELETRICIDADE

- Cabos para ligação de todos os equipamentos.
- Geradores de energia.

EQUIPAMENTOS DE APOIO

- Claquete

Montagem da iluminação

Todos os equipamentos chegaram. O cenário está de pé. E agora? Agora é hora de montar a iluminação.

Para construir o design de luz e dar cor à tela que é a cena, é preciso ter talento e experiência. O artista é o diretor de fotografia. É ele quem vai preencher a história com luzes e sombras, tornando-a crível, dramática e convincente aos olhos do espectador. Com seus pincéis, que têm a forma de holofotes e spots, o fotógrafo dá forma e volume aos personagens, aos elementos estáticos e aos elementos móveis.

A montagem da iluminação é uma das partes mais trabalhosas na preparação do set. É equipamento que não acaba mais. Os postes passam fácil de dois metros de altura, os rebatedores têm metros de largura, as lâmpadas são capazes de queimar a cabeleira de quem fica na frente delas.

Só com muitas horas de produção nas costas é que o fotógrafo começa a ficar mais sensitivo, conseguindo imaginar o resultado da luz antes mesmo de montar o set. Mesmo assim, como é uma etapa muito importante e na qual o talento faz a diferença, o ideal é que a montagem do equipamento e a avaliação do conceito de iluminação sejam feitas um dia antes da filmagem, com muita calma. É o que chamamos de pré-light.

Recebimento de refeições

O dia vai ser longo, cansativo, intenso. Então, sair para comer feijoada em um bom restaurante está, definitivamente, fora de questão. Geralmente o pessoal se alimenta em um espaço improvisado no set, ou, no caso de estúdios maiores, no refeitório. Alguns estúdios dispõem até de cozinha para o preparo das refeições, outros não. Alguns donos de locações deixam usar a cozinha. Mas a maioria não.

Além de almoço e jantar, é importante lembrar do lanche, da água, do cafezinho. Santa cafeína que faz a produção render ainda mais.

Chegada da equipe completa

Com tanta coisa acontecendo ao mesmo tempo, provavelmente a equipe de produção completa já chegou. Mas, se não chegou, no planejamento de produção está assinalado o horário que cada profissional deve dar as caras. O pequeno atraso de um membro da equipe pode gerar um efeito cascata que vai comprometer o horário de toda a produção. Sem essa de "foram só 10 minutinhos de atraso". Esse atraso custa dinheiro. O anunciante está pagando – e pagando bem – por cada minuto de produção.

É de praxe as diárias de trabalho começarem por volta de 5 ou 6 horas da manhã. Em casos assim, sabe que horas começa a filmagem? Em torno de 9, 10 horas. Veja, são umas 3 horas só de preparação e ajustes para nada dar errado depois. Conselho de amigo: você não gosta de acordar cedo? Preza pelos finais de semana? Ainda dá tempo de pensar em outra profissão.

Chegada do elenco

Ah, o elenco. Essa fina estirpe de seres humanos, lordes merecedores de regalias e tratamento de estrela. Não é mesmo? Não, não é. Só as grandes celebridades, cheias de grandes exigências, têm um tratamento tão diferenciado. E não porque merecem, cá entre nós, mas porque isso é cláusula de contrato registrado em cartório.

Celebridades chegam para gravar em cima da hora, e às vezes nem ensaiam; leem o texto quantas vezes acharem necessário para ficar bom, mesmo se o diretor achar que ainda não está bom; se autodirigem – tchau, obrigado e até logo. Já filmei com muitas celebridades educadas e simpáticas. Muito profissionais, entendiam que o objetivo era seguir o roteiro à risca e que o diretor de cena estava ali para ajudar, não para mudar o jeito de atuarem. Com essas pessoas, correu tudo muito bem. Nada de estrelismo, de histeria no set, de exigências estapafúrdias. Por outro lado, já filmei também com celebridades, que, sinceramente, não sei por que toparam fazer o comercial. Sim, eu sei: pelo cachê, claro. Mas a má vontade e a arrogância que demonstraram no set tornaram a filmagem tensa, difícil. Essa atitude certamente comprometeu a qualidade do comercial.

Com atores desconhecidos ou aspirantes à celebridade tudo é muito mais simples. Eles sempre estão dispostos a ajudar. A refazer cada take quantas vezes o diretor quiser. A escorregar no corrimão e cair em cima de um piano. A piscar para a câmera.

Maquiagem

Com a chegada dos atores, é hora de começar a maquiagem. Essa pode ser uma fase bem rápida, já que a personalidade de cada personagem já foi discutida na fase de pré-produção. Com isso, a maquiagem feita é de correção de marcas de expressão, de manchas na pele, essas coisas que a leitora feminina vai entender bem. Por outro lado, a maquiagem pode ser bem trabalhosa, caso se pretenda, por exemplo, envelhecer o ator, construir ferimentos falsos, amenizar ou intensificar sua expressão ou algum de seus traços físicos, alongar os cabelos ou simular uma calvície.

Durante toda a filmagem, o maquiador acompanha os atores fazendo correções na maquiagem, atenuando brilhos no rosto, solucionando imperfeições que vão surgindo a cada take.

Certa vez, fiz um comercial para uma empresa aérea em que um ator dava um depoimento à câmera. Era um super close em seu rosto o tempo inteiro. O cara era ótimo, convincente, totalmente adequado à ideia. Não tivemos dúvida da escolha no teste de VT. Porém, veja o que aconteceu no dia da filmagem: com o calor da iluminação, o sujeito ficava vermelho, muito vermelho. Parecia uma turbina de Boeing soltando fogo. O que foi feito? Maquiagem. Pó de arroz, blush e outras coisas. O coitado ficou parecendo um homem de cera. Se ele sorrisse demais, o rosto rachava. Mas, no vídeo, sua pele ficou perfeita. Ponto para o maquiador.

Agência: AlmapBBDO, São Paulo
Cliente: Panamericana Escola de Arte e Design
Produto: Institucional
Título: Terror
Direção: 2
Produção: Sentimental Filme

https://goo.gl/3E3Lbu

Ajuste de figurino

Durante a filmagem, o figurinista tem um papel semelhante ao do maquiador: a manutenção estética do que já foi combinado e produzido. O figurinista e seu assistente precisam ficar atentos para a aparência das roupas: amassados, vincos, marcas de suor, botões soltos. Mínimos defeitos, quando vistos pela lente da câmera, podem ficar muito mais evidentes. Além das roupas, esse departamento cuida também de todos os acessórios que compõem a vestimenta: óculos, chapéus, luvas, relógios, espartilhos, entre outros.

Nos casos em que o ator troca de roupa várias vezes durante a filmagem, numeram-se as peças de cada personagem, relacionando-as às cenas em que foram utilizadas. Assim, garante-se que a troca de roupas ocorra de maneira organizada.

Ensaio

Hora de treinar. O ensaio da equipe é como o treino de futebol: o técnico está ali, de olho, na beira do gramado, com prancheta na mão. No nosso caso, o diretor está ali, de olho no video assist, com o comercial na lente da câmera.

O ensaio não é fundamental apenas para os atores. É importante também para colocar toda a equipe em sintonia; é o momento de se fazer qualquer ajuste na iluminação; é a hora certa para verificar planos de câmera com os atores em movimento; de checar o áudio, para ver se algum ruído externo não está atrapalhando a captação, caso a filmagem seja com som direto. O cachorro do vizinho não para de latir? Ainda dá tempo de comprar um filé-mignon para ver se, de barriga cheia, o pit bull fica quieto.

Chegada da equipe da agência e do cliente

Com tudo prontinho para o pontapé inicial na filmagem, o pessoal da agência que vai acompanhar a gravação chega ao set. Da criação, temos o diretor de criação ou a dupla de criação, ou ambos. Temos o diretor de RTV. E, algumas vezes, alguém representando o cliente também decide dar as caras. Nesse caso, é importante que o atendimento da agência também vá. E uma dica: nunca deixe o relacionamento com o cliente sob responsabilidade apenas dos criativos. O diretor de criação tem o jogo de cintura necessário para mimá-lo e atendê-lo. É alguém próximo do cliente, que entende suas necessidades perfeitamente. A dupla de criação, por outro lado, nem sempre tem esse contato. E mais: costuma achar que o cliente é o cara que estraga ou não aprova as melhores ideias.

Gravação

Vai luz... vai câmera... ação?! Não, ação ainda não.

Na ordem cronológica da produção, é aqui nesta página que eu tinha que começar a falar da gravação. Mas essa etapa merece um capítulo todo especial, bem pensado, extenso. Escrever tudo aqui quebraria demais nosso raciocínio sobre as etapas da produção no set. Você aguenta esperar mais um pouco? Sente-se aí, na cadeira do diretor. Vai passar rápido igual intervalo comercial.

Revisão do material captado

Você já deve ter visto, em cenas antigas ou em fotos, aqueles grandes rolos de negativo. Aliás, é por isso que o rolo do diretor, ou seja, seu portfólio de filmes, é até hoje chamado de rolo. Há alguns anos, todo comercial era filmado assim, com negativo. Com aquele rolo enorme de filme em cima da câmera. Como nos negativos de fotografia, o material tinha que ir para o laboratório a fim de ser revelado. Ou seja: era impossível o diretor ver as cenas ao final da gravação, ainda no set.

Com o surgimento das câmeras digitais, isso mudou. Agora os diretores podem rever a cena gravada instantaneamente, take a take. Ou dar uma olhada no final da diária, bem rapidamente. É verdade que a utilização do material digital, e depois em HD, demorou um pouco para ser amplamente adotada. O filme em negativo, em película, tinha uma qualidade estética insuperável, e que ainda trazia consigo o charme da linguagem cinematográfica, já que os longas-metragens continuavam sendo captados em película. Mas, com o avanço da tecnologia e a chegada de novas câmeras, o diretor conseguiu obter o mesmo charme da película filmando no digital. Com a vantagem de ser uma captação mais barata e de facilitar muito a finalização.

Com o vídeo digital, os diretores de cena ganham tempo e segurança, sabendo exatamente quando conseguiram o take perfeito de cada cena. No final do dia, quando o material captado parece que está ideal, é o fim. Aplausos. Vamos para as últimas etapas da diária.

Dispensa de atores e desmontagem de cenário

Deu tudo certo. A filmagem foi um sucesso, o material gravado é muito bom. E agora? Hora de ir para casa? Só para os atores. Logo que cada um deles termina sua última cena, pode ser dispensado. Mas e quanto ao restante da equipe? Simples: cada um se encarrega de recolher o seu próprio material de trabalho. A dispensa dos profissionais é feita de forma escalonada, assim como foi a chegada deles ao set. Eles não vão embora todos de uma vez. E o coitado do assistente de direção geralmente é quem apaga a luz.

Se a filmagem aconteceu em uma locação, é importante deixar tudo do jeitinho que foi encontrado antes da entrada da equipe. E devolver a casa, a praça, a rua, o escritório, enfim, o local alugado, exatamente como estava. No caso de filmagens em estúdio, a desmontagem completa pode ser feita no mesmo dia, ou não. Há casos, quando mais filmes da campanha serão produzidos, por exemplo, em que o cenário não é desmontado: tira-se apenas a iluminação, os cabos e a câmera, mas paredes e alguns objetos continuam lá. Em todos os casos, é nesse momento que o produto ou outros materiais fornecidos pelo cliente são recolhidos e guardados para devolução. Aliás, tenho uma boa história sobre isso. Uma das agências em que trabalhei atendia um anunciante do setor de decoração. Em um belo dia, o cliente pede um filme. Criamos, aprovamos, fizemos a reunião de pré. Decidiu-se filmar em uma locação, uma casa enorme tombada como patrimônio histórico. O produto anunciado era simplesmente todo o catálogo do cliente: mesas, cadeiras, vasos, almofadas, armários, muita coisa. Portanto, a casa foi completamente redecorada e ficou ainda mais linda. A gravação foi feita, logo chegou a hora de levar tudo embora. Eis que surge o dono da casa. Simpático, pergunta para o diretor:

– Como eu faço para falar com o dono da empresa?

– Ah, ele está ali, sentado atrás daquele monitor.

(Como era uma empresa familiar, o patrão cuidava de tudo pessoalmente.)

– Muito prazer.

– O prazer é meu. Linda, sua casa.

– Obrigado. Quanto o senhor quer para deixar tudo isso aqui?

– Como?

– Imagino que o senhor vai ter um certo trabalho com o transporte de toda essa mercadoria. Além disso, vai ter um custo razoável para embalar e armazenar tudo isso de novo. Vejo que alguns objetos foram um pouco danificados... o senhor vai ter que dar um belo desconto, na loja, para conseguir vender as peças. Certo?

– Você é do ramo, não é?

– Então. Quanto o senhor quer para deixar tudo aqui?

– Bom... não pensei nisso. Mas se você me pagar metade do valor total das peças, a gente fecha negócio.

– Perfeito. Vou pegar o cheque.

E essa foi a primeira vez que vi um caminhão de objetos voltar vazio da filmagem.

GRAVANDO

Chegou a grande hora. Como está sua ansiedade para acompanhar a gravação? Você pode, por favor, ver se toda a equipe já chegou? O cronômetro está funcionando? A claquete está pronta? As câmeras estão ok, com a bateria em ordem? O atendimento da produtora está fazendo sala para o pessoal da agência? As câmeras e a iluminação estão posicionadas para a gravação da primeira cena? E o produto do cliente, cadê?

O assistente de direção é o responsável por verificar os últimos ajustes para que a filmagem comece. Enquanto isso, o diretor de cena está passando orientações para os atores, fazendo ajustes com o fotógrafo ou fazendo sua primeira carga de cafeína, preparando-se para um dia de trabalho intenso. Intenso, mas muito bem planejado. Onde está descrito esse planejamento do dia?

Plano de filmagem

O plano de filmagem é a organização escrita do dia de filmagem. Nele, o diretor relaciona todas as cenas que precisam ser captadas, assinala a ordem de gravação de cada uma, aponta detalhes tais quais se a cena é externa ou interna, indica horários de início e término da gravação de cada cena, além de horários de refeições. Uma cópia do plano de filmagem é distribuída para toda a equipe e funciona como garantia de que todo mundo sabe o que deve ser feito a cada momento. A seguir, temos a primeira página de um plano de filmagem real:

ORDEM DO DIA E PLANO DE FILMAGEM

Filme: Diretor: Produtor:

ORDEM DO DIA

Data: Locação:

Equipe	Hora SET
Equipe Direção	07:00
Equipe Foto	07:00
Equipe Arte	07:00
Equipe Som	07:00
Equipe Produção	07:00
Elenco: Leonardo e Eduardo	07:30
Elenco: Mariana e Glória	10:00

PLANO DE FILMAGEM

Data: 03.11.12

Prev. tempo: Sol com muitas nuvens durante o dia e períodos de céu nublado. Noite com muitas nuvens.

Nascer do sol: 06:19

Pôr do sol: 19:22

Locação	Tipo	Cena	Plano	Preparação	Roda	Tempo	OBS.
Prep SET (Arte/Foto/Som) para 1º Plano – 07:00 às 08:00						1 h	Preparação
PRAÇA	EXTERNA	3	CAB 1	07:30 às 08:00	08:00 às 08:30	30 min	
PRAÇA	EXTERNA	3	CAB 1	08:30 às 08:40	08:40 às 09:00	20 min	
PRAÇA	EXTERNA	3	CAB 1	09:00 às 09:10	09:10 às 09:20	10 min	

O diretor em ação

Tudo pronto. O diretor de cena vem aí. Agora é a hora em que ele coloca em prática realmente tudo o que sabe. Até aqui, seu papel foi conduzir a produção na direção do que ele imaginava ser o ideal para o comercial. Discussões sobre shooting board, figurino, atores, cenário. O comercial já estava na sua cabeça. As cenas surgiam dentro dela. Chegou o momento de torná-las reais, passando-as do plano mental para a câmera.

Nosso maestro está pronto para dirigir cada aspecto envolvido na diária da filmagem. O bom diretor precisa conhecer bem mais do que planos e ângulos de câmera. Ele precisa saber motivar sua equipe, já que imprevistos vão surgir e todos precisam se manter enérgicos e compromissados com chegar ao melhor resultado; precisa demonstrar criatividade e agilidade para trazer soluções; deve ter maturidade e profissionalismo para tomar decisões por toda a equipe, e se responsabilizar por cada ato deste grande concerto.

Dessa forma, podemos subdividir a responsabilidade do diretor em três pontos:

1. Direção do roteiro: dirigir o roteiro quer dizer entender o briefing da agência e conduzir a filmagem para que todos os detalhes visuais necessários e combinados sejam contemplados. Mesmo com o comercial em sua

fase bruta, com vários takes de cada cena, o diretor consegue enxergar o todo e avaliar se está produzindo material suficiente para montar um filme que traga a mensagem do anunciante.

2. Direção da câmera: dirigir a câmera é conhecer a parte técnica, os enquadramentos, a iluminação. É ter conhecimento para discutir com o fotógrafo o tipo de lente mais adequado para cada cena. É saber avaliar qual o ponto de luz ideal para criar o clima dos diversos momentos do filme.
3. Direção da equipe: é aqui que o diretor exerce seu papel de gerente. Com sua experiência, liderança e conhecimento do processo, ele conduz os profissionais presentes no set de filmagem, dos carregadores aos atores. Embora cada departamento (iluminação, casting, eletricidade, etc.) tenha sua hierarquia e sua equipe, é o diretor de cena que deve estar sempre atento para avaliar se a filmagem está fluindo bem, se a equipe está motivada, se não é hora de fazer uma pausa ou se alguém está sendo orientado de maneira errada. O diretor precisa ter sensibilidade e atenção para passar segurança a todos, conduzindo a diária de filmagem de maneira calma e eficiente.

A dinâmica da gravação

O set é como um polvo: tem uma cabeça só, a do diretor, mas diversos braços, cada um representado por um profissional diferente. E tudo sempre muito organizado, embora às vezes não pareça. Em certas ocasiões, pode-se ter a impressão de que ninguém está fazendo nada. Já pensou? Ficar sentado na cadeira do diretor enquanto o filme acontece sozinho, por mágica? Mas, mesmo nesses momentos, provavelmente algo está sendo decidido, revisto, pensado. A ação no set é também uma ação cerebral. A equipe, quando afinada, desenvolve suas atribuições naturalmente, sem esforço. O resultado é uma gravação fluida, fácil, e um material gravado à altura das expectativas do diretor, da agência e do anunciante.

O lugar do diretor

Uma pergunta simples para você: durante a gravação, onde o diretor fica? Ao lado da câmera? Sentado na frente do video assist? Em uma cabine, isolado de todo mundo, acima do set? Resposta: onde ele quiser.

Cada diretor trabalha de um jeito diferente. Do modo que acha que seu trabalho rende mais, da forma que considera mais adequada para acompanhar o que está sendo gravado e extrair de toda a equipe a melhor performance possível. Há diretores que gostam do corpo a corpo, que estão sempre andando pelo set, ficando cara a cara com os atores, acompanhando a gravação de pé ao lado da câmera, correndo para falar com o pessoal da agência. Outros diretores preferem trabalhar sentados na frente do video assist, mais concentrados, falando diretamente com poucas pessoas e passando informações para seu assistente, que as repassa para o restante da equipe. E o diretor que fica isolado de todo mundo, em uma cabine acima do set? Já filmei com um cara que fazia isso. Era como um técnico de futebol, que prefere ficar na arquibancada para ter uma visão mais geral da partida. Lá de cima, de seu pequeno camarote particular, ele transmitia via rádio tudo o que devia ser feito. Estou falando sério. Ele usava um rádio.

Claquete

Figura 6 – Claquete.

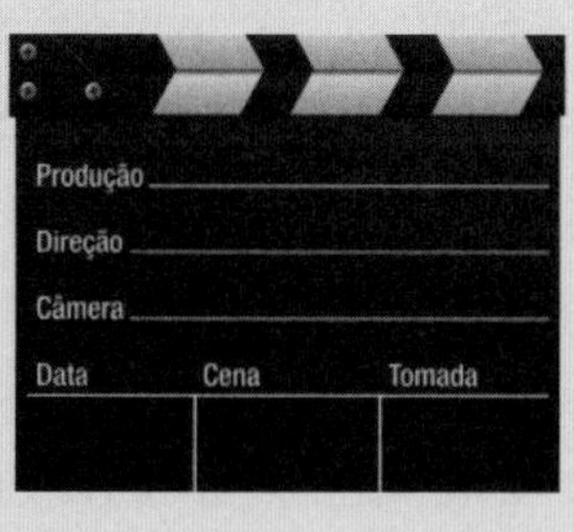

Crédito: Foto do autor

A claquete serve para demarcar o início de cada take filmado. Nela, coloca-se o nome do diretor, o nome do filme, o número da cena e o número do take que está sendo gravado, e, então, ela é colocada bem na frente da câmera. Ou seja, filma-se a marcação. Assim, na hora de se buscar um take sugerido pelo diretor, já na montagem do filme, o editor o encontra com a imagem da claquete em quadro. Ali está o número da cena e do take. Fácil, né?

Ao mesmo tempo, todos os takes vão sendo registrados em um caderno, pelo assistente de direção. A cada um ele coloca uma observação ao lado, descrevendo se foi bom, se coube no tempo, se foi o melhor, ou se ficou longo demais, se ficou muito ruim, se é para ser desconsiderado. Todas essas anotações dão origem ao documento chamado "boletim de filmagem".

Figura 7 – Exemplo de um boletim de filmagem. Da esquerda para a direita, as colunas correspondem a: cartão de memória que está sendo utilizado, número da cena, número do take, frames por segundo (velocidade de gravação), tipo de lente usado, tempo do take, número do clip.

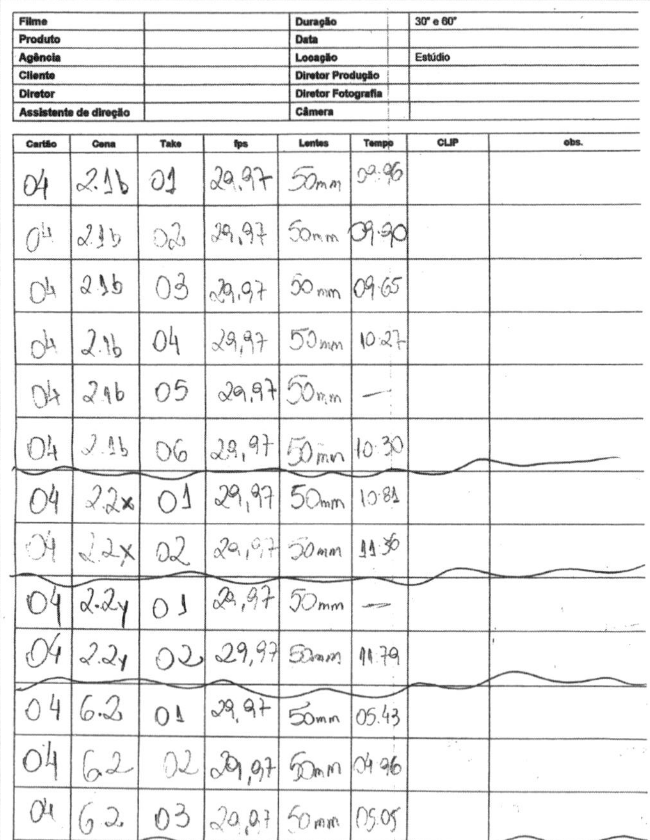

Filme		Duração	30" e 60"
Produto		Data	
Agência		Locação	Estúdio
Cliente		Diretor Produção	
Diretor		Diretor Fotografia	
Assistente de direção		Câmera	

Cartão	Cena	Take	fps	Lentes	Tempo	CLIP	obs.
04	2.1b	01	29,97	50mm	09.96		
04	2.1b	02	29,97	50mm	09.90		
04	2.1b	03	29,97	50mm	09.65		
04	2.1b	04	29,97	50mm	10.27		
04	2.1b	05	29,97	50mm	—		
04	2.1b	06	29,97	50mm	10.30		
04	2.2x	01	29,97	50mm	10.81		
04	2.2x	02	29,97	50mm	11.36		
04	2.2y	01	29,97	50mm	—		
04	2.2y	02	29,97	50mm	11.79		
04	6.2	01	29,97	50mm	05.43		
04	6.2	02	29,97	50mm	04.96		
04	6.2	03	29,97	50mm	05.05		

Crédito: Foto do autor

Tempo para filmagem das cenas

Toda gravação precisa ser aproveitada ao máximo. Em cinema, chamamos isso de quociente de aproveitamento de filmagem, que determina a quantidade de gravação que foi feita em relação àquilo que será incorporado na montagem final do comercial. Em publicidade, o quociente costuma ser bem alto. Cada diária custa muito caro, e o orçamento já está fechado e aprovado pelo anunciante, então a única alternativa viável é conseguir gravar o comercial na diária combinada.

Se um comercial tem dez cenas para serem filmadas, o diretor de cena calcula, com sua equipe, quanto tempo será dedicado à filmagem de cada uma, considerando sua complexidade. Isso também está descrito no plano de filmagem.

Ordem de filmagem das cenas

A filmagem das cenas de um comercial, de um curta ou de um longa-metragem não é feita de maneira cronológica, seguindo o roteiro. Imagine um comercial que começa na cozinha de uma casa, depois se passa na sala e termina na cozinha de novo. Qual é a maneira mais inteligente de se fazer a filmagem? De duas, uma: ou todas as cenas são feitas na cozinha primeiro ou a cena na sala é feita e depois as cenas na cozinha.

Outra coisa a considerar é a participação de atores. Se eles fizerem parte do comercial inteiro, não há muito o que pensar. Porém, se houver apenas algumas cenas com atores, o ideal é que elas sejam feitas em um período próximo, otimizando o tempo em que os atores ficam no set. Não faz sentido ter um ator o dia inteiro disponível e utilizá-lo apenas no primeiro horário e depois lá no final do dia. Isso pode ser dinheiro jogado fora.

Preparação do set para as cenas

Lembre-se: o relógio está correndo. E como corre rápido. Tudo o que puder ser feito ao mesmo tempo que o comercial está sendo gravado, deve ser feito. A cenografia de outro ambiente, por exemplo. Logo que se termina uma cena na cozinha, a equipe começa a mudar a iluminação e as câmeras de lugar, partindo para a sala. É um trabalho de velocidade e qualidade, em que o responsável por cada departamento já deve saber o que fazer. É só executar o que foi combinado durante a fase de pré-produção.

Ajuste de figurino e maquiagem

Entre um take e outro, o figurinista e o maquiador ficam sempre atentos a qualquer correção que se precise fazer no visual dos atores. Pequenas falhas podem prejudicar a qualidade do material captado – um rosto brilhante demais, uma roupa amassada, um microfone de lapela aparecendo – e podem até levar a falhas de continuidade, por exemplo: o ator tem a gravata arrumada na primeira cena, na segunda, aparece com ela desarrumada e, na terceira, lá está ela arrumada novamente. Já pensou? O diretor, o assistente e o continuísta, quando este existir, sempre devem ficar atentos a esses detalhes. Mas o figurinista e o maquiador, ainda mais.

Ordem de comando

Luz... câmera... ação! Que delícia de frase. A forma como alguns diretores literalmente berram essa frase no set dá energia para toda a equipe. Além de uma orientação, a frase serve como um choque de motivação para todo mundo continuar trabalhando a mil por hora. E essa expressão pode ter variações. Tem diretor que prefere dizer "vai luz... vai som... ação!" Qualquer que seja a frase, ela é a orientação para cada departamento verificar e ligar seu equipamento ao começo de cada take. O pessoal da iluminação vê se está tudo ligado; o técnico de som avalia se o áudio está ok, se não está "vazando" algum ruído externo, por exemplo. O operador de câmera aperta o *rec*, começando a gravar. Se algo não está perfeito, o responsável interrompe o diretor, faz o ajuste, e se começa de novo. Se está tudo certo, é... ação!

Cronometragem

Quando o comercial tem uma secundagem predefinida, de 30 segundos ou 1 minuto, por exemplo, antes da filmagem é muito importante que se faça o cálculo do tempo de cada cena, garantindo que o filme possa ser montado no tempo correto. No caso de alguns comerciais para internet, a duração do filme costuma ser mais longa, e o tempo final pode ser variável e fracionado. Pode-se ter um comercial de 48 segundos, de 1 minuto e 24 segundos, de 12 segundos, e por aí vai.

E como controlar a secundagem de cada cena? Isso também é feito pelo assistente de direção. Diversas vezes, por um segundo assistente. O tempo de duração de cada take aparece no monitor do video assist, enquanto a cena é gravada. E também usa-se o cronômetro para marcá-lo. Um cronômetro desses de bolso mesmo. Ao fim de cada take, o assistente anota o tempo. Se estiver na margem calculada, ok: o take valeu.

Revisão do material captado

Com a utilização de câmeras digitais, o que hoje é quase a regra geral das produções de comerciais, é muito fácil ver, em tempo real, se um take que pareceu bom realmente foi bom. Basta retroceder o material no video assist. No mesmo instante, o diretor e o fotógrafo podem fazer essa avaliação.

Comunicação no set

O momento da gravação é muito intenso, corrido e repleto de detalhes. Dúvidas surgem a todo momento. Sugestões também. Se não houvesse uma organização para a conversa entre todos que estão no set, a filmagem seria uma bagunça. Por isso existe um protocolo para a comunicação entre os profissionais da equipe, entre o diretor de cena e a agência, entre o cliente e o diretor de cena.

Basicamente, o diretor de criação e o RTV da agência falam diretamente com o diretor de cena. Qualquer outra pessoa, pelo lado da agência e do cliente, não pode falar direto. A dupla de criação e o diretor de marketing, por exemplo, precisam conversar com o profissional do RTV. Ele, por sua vez, tentará resolver as questões levantadas falando com o assistente de direção ou com o produtor. Só então, se não tiver chegado a uma solução, ele falará com o diretor de cena. Pelo lado contrário, ocorre algo semelhante: se o diretor de cena tiver alguma dúvida sobre a linguagem de uma determinada cena, se tiver uma sugestão que poderá implicar em custos extras, ele falará com o diretor de criação e com o RTV.

No caso de dúvidas e sugestões que aparecem entre os profissionais da produtora, o processo é assim: cada profissional deve passar sua questão ao líder de seu departamento. Ele quem decidirá se vale a pena ou não acionar o diretor de cena. Com esse processo de informações, consegue-se que todos saibam, o tempo todo, o que está acontecendo no set. E assegura-se que a filmagem ocorra tranquilamente.

Refeições

A hora das refeições não é importante apenas para tirar o mau humor que começa a surgir no set quando todo mundo fica com fome. É um momento em que parte da equipe pode utilizar para preparar o set para outra cena (e comer antes disso, claro). O ideal é que esse intervalo seja pensado de modo a não quebrar demais o ritmo da gravação. A não ser que uma cena seja realmente muito longa, ela deve ser gravada sem pausas, antes ou depois da refeição. Outro exemplo recorrente é em caso de diária com cenas internas e externas. Se possível, é bom colocar a refeição como um momento de transição entre cada localização.

A composição da cena

O diretor de cena é um artista visual. Sua obra, o filme, é capaz de despertar desejos do subconsciente de quem a assiste. Desejos que, muitas vezes, a gente nem sabia que tinha. Ele é também um intérprete da mensagem do anunciante e um conhecedor das emoções humanas. Misturando essas duas características, e batendo bem no liquidificador, o resultado é coeso e delicioso: o talento para compor as cenas.

Os objetos certos no lugar certo; as cores ideais; a movimentação dos personagens; a iluminação perfeita; a música e o silêncio. Absolutamente nada que esteja na cena deve desviar a atenção do espectador da mensagem ou do clima que se pretende criar em cada momento do filme. Os mínimos detalhes criarão um resultado final harmônico para imprimir ritmo ao comercial e valorizar o produto anunciado.

Grandes comerciais podem ser inesquecíveis como grandes obras de arte. Podem se tornar parte da cultura de um povo, criando costumes, tradições. Você sabe por que, aqui no Brasil, o símbolo do imposto de renda é um leão? Por causa de uma campanha publicitária criada pela agência DPZ, no final da década de 1970, para orientar os cidadãos sobre algumas regras do Fisco. O personagem principal era um leão, você já deve ter notado. Até hoje, quase 40 anos depois, o leão está aí, bem vivo.

O diretor é senhor do tempo: a secundagem. Controla o espaço: o ambiente de filmagem. Comanda os movimentos dos atores, da equipe e da câmera. Consegue transpor o plano bidimensional – o storyboard – para o tridimensional – a cena. Para isso, orienta toda a equipe sobre cada mínimo detalhe. Sua visão é de 360° e seu olhar é a lente da câmera, que pode assumir inúmero ângulos, posições surpreendentes, foco e desfoque, movimentos sutis ou incômodos. É o que você verá a seguir.

Enquadramento

Planos de câmera também são chamados "enquadramento". Enquadrar, ou criar o plano, é decidir o que será mostrado na tela a cada cena. É nesse momento que se decidem a amplitude e os ângulos de cada cena.

Assim, em um comercial de cereal, dependendo do enquadramento, a cozinha de uma casa pode aparecer por completo ou apenas uma parte, o balcão, por exemplo, onde está o cereal; um personagem importante do filme pode aparecer ao longe, caminhando, ou da cintura para cima, valorizando a camisa que está sendo anunciada; o carro em movimento pode ser mostrado em detalhe, bem de perto, ou de cima, em um plano aéreo, exibindo a paisagem ao redor e transmitindo a mensagem de "carro aventureiro" ao espectador. Enquadrar corretamente, ou seja, com senso narrativo e estético, ajuda muito na construção da história do comercial.

Quanto ao enquadramento, os planos podem ser:

- Plano aberto ou geral: é um plano de *ambientação*. A câmera está distante do sujeito da cena.

Figura 8 – Plano aberto

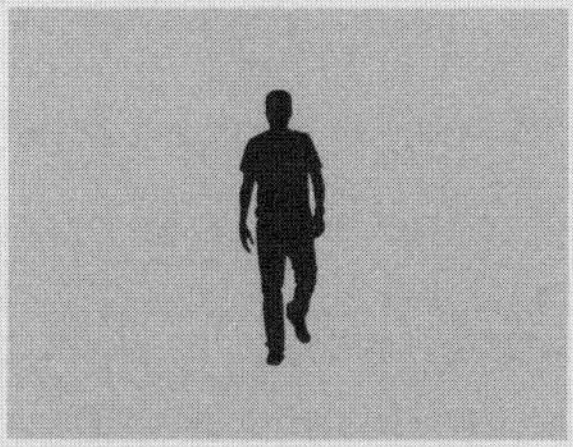

Crédito: Ilustração do autor

- Plano americano: quando se enquadra uma pessoa dos joelhos para cima. Muito usado nos filmes de faroeste americano, nos duelos de *cowboys*. Mas seu nome não vem daí, embora exista esse mito. O plano americano surgiu cerca de 30 anos antes dos filmes *Western*.

Figura 9 – Plano americano

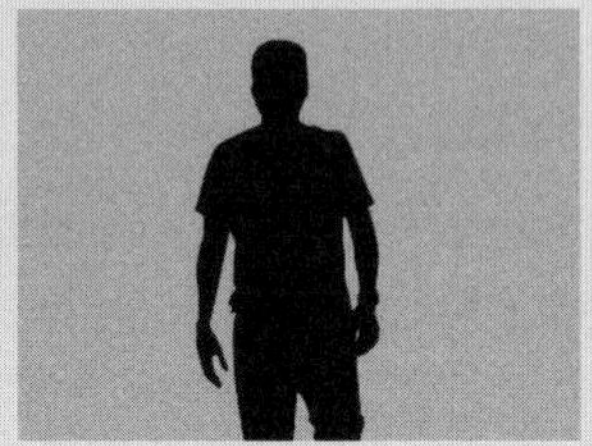

Crédito: Ilustração do autor

- Plano médio: mais próximo do sujeito, mas ao mesmo tempo permite que se veja o cenário. Vemos as expressões faciais dos atores e também a linguagem corporal. É um plano de *posicionamento*. Ocorre quando se enquadra uma pessoa da cintura para cima.

Figura 10 – Plano médio

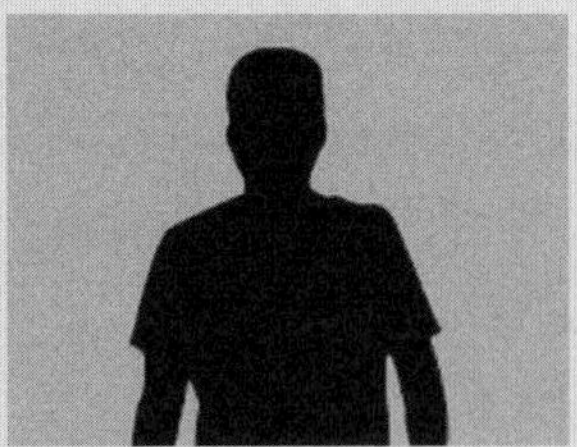

Crédito: Ilustração do autor

- Plano fechado: também chamado de primeiro plano ou "close-up". A câmera está "fechada" em um detalhe do ambiente, do personagem ou do produto. É a valorização máxima do sujeito da cena. É um plano de *expressão*, considerando-se atores em cena. E de *demonstração*, considerando-se o produto. É muito usado em packshots.

Figura 11 – Plano fechado

Crédito: Ilustração do autor

- Plano detalhe: o close levado ao extremo. O comercial é de batom? Plano detalhe na boca da modelo. O filme vende um relógio? Plano detalhe nos ponteiros do produto, na pulseira, no logotipo impresso na embalagem.

Figura 12 – Plano detalhe

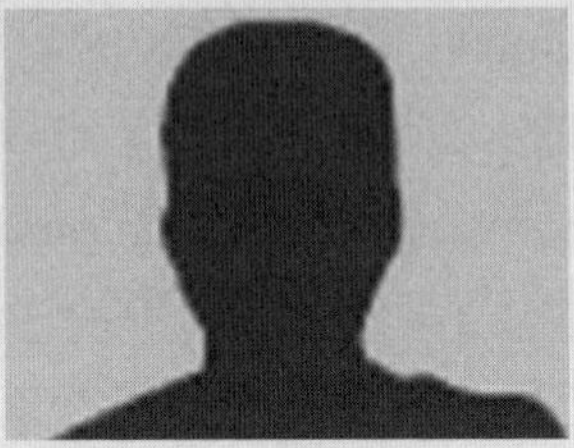

Crédito: Ilustração do autor

Além do que é cortado ou acrescentado em cena em virtude dos planos de câmera, outro fator que determina o que será visto pelo espectador é o ângulo da câmera. Em relação ao lado, os ângulos de câmera podem ser de tipo *horizontal*; em relação à altura, de tipo *vertical*.

Dentro do ângulo horizontal, temos:

- Frontal: a câmera filma a pessoa ou o objeto de frente.
- Lateral: o assunto (pessoa ou objeto) é mostrado de perfil, completamente de lado.
- ¾ (três quartos): ângulo intermediário entre o frontal e o lateral. Forma um ângulo de 45° em relação ao nariz do personagem.
- Traseiro: o personagem é mostrado por trás.

Em termos de ângulo vertical do enquadramento, temos:

- Ângulo normal: câmera na altura dos olhos do ator.
- Plongée ou câmera alta, ou picada: a câmera enquadra a pessoa de cima para baixo. Dá a impressão de inferioridade do sujeito. Pode ser feita de cima de uma escada ou de uma grua.
- Contra-plongée ou câmera baixa: a câmera enquadra o sujeito de baixo para cima. Dá a impressão de superioridade do personagem.
- Câmera subjetiva: a câmera assume o papel de ser os olhos do personagem.
- Câmera na diagonal: o nome é autoexplicativo. Esse ângulo é usado para criar uma cena desconfortável, tensa.
- Câmera zenital: a câmera é colocada no alto do cenário, mas em um ângulo de 90°, ou seja, apontando diretamente para baixo.
- Câmera contrazenital: a câmera no chão, em 90°, apontando para cima, diretamente para o teto do cenário.

Movimentos de câmera

Cena é vida na frente da câmera. Os movimentos podem ser sutis ou extremos, lentos ou acelerados. A dinâmica do comercial se constrói com o movimento, que pode ser de pessoas que entram e saem de cena ou que se afastam ou se aproximam da câmera, vindo para o primeiro plano. E os movimentos também podem ser por meio da câmera. São os olhos do diretor se movendo pelo cenário, para lá e para cá, buscando a melhor maneira de construir a mensagem e vender o produto.

- Câmera fixa: é a falta de movimento. A câmera permanece sem se mover, mesmo que haja movimento na cena.
- Panorâmica ou PAN: a câmera se move em seu próprio eixo, na horizontal. Pode ser da esquerda para direita, e vice-versa.
- Tilt ou panorâmica vertical: movimento semelhante à panorâmica, mas que acontece verticalmente, ou seja, de cima para baixo ou de baixo para cima.
- Travelling ou dollying: a câmera "viaja" em um movimento horizontal, colocada em um carrinho (dolly), em uma grua ou nas próprias mãos do operador. Pode ser lateral, de avanço ou de recuo em relação ao assunto da cena.
- Zoom in: aproximação da cena, mas por meio da lente; a câmera não se move.
- Zoom out: afastamento da cena, também por meio da lente.

Foco

Foco é a nitidez da imagem. E é mais um recurso que o diretor tem à disposição para criar o clima de cada cena e também para intensificar no espectador a força da mensagem que está sendo vendida. Por meio de seu controle, o diretor consegue valorizar ou desfocar alguns elementos da cena, tornando-os mais importantes ou insignificantes, sempre levando o olhar de quem assiste ao comercial ao local mais importante de cada cena: pode ser a expressão do ator, o produto em uso ou algo que acontece em segundo plano, no quadro.

Consegue-se a composição do foco por meio da utilização de diferentes lentes de câmera. Conheça algumas delas:

- Lentes tilt focus: deixa em foco um elemento principal da cena, o produto, por exemplo, e desfoca tudo o que estiver à frente e atrás dele.
- Lentes de foco longo: também chamadas teleobjetivas. Com elas, a área em que as coisas ficam em foco é muito pequena.
- Lentes grandes angulares: são as que têm a maior profundidade de campo focal. Ou seja: tudo fica em foco, automaticamente.

Iluminação

Feita a composição da cena, com a decisão dos planos de câmera, dos ângulos, do movimento e do foco, é hora de preenchê-la com o recurso que dará o toque final: a iluminação. Por meio da luz, a atmosfera adequada para o comercial é definida e potencializada.

Conceitualmente, existem três pontos de luz que podem ser trabalhados, isoladamente ou em conjunto, para criar a iluminação do set, do personagem, da cena. Esse conjunto é chamado de three-point lighting:

Figura 13 – Three-point lighting

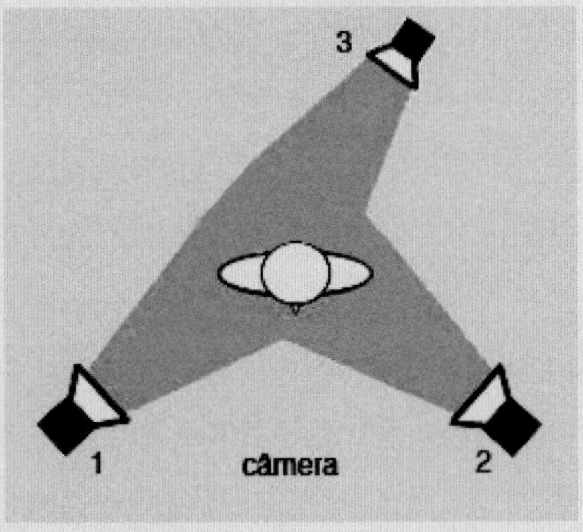

Crédito: Imagem do autor

1. Luz principal (*key light*): é a luz mais forte da cena. Geralmente é posicionada ao lado do ator, iluminando esse lado e produzindo uma sombra no outro.
2. Luz de preenchimento (*fill light*): é a "segunda luz", posicionada no lado oposto ao da luz principal. É usada para preencher as sombras criadas pela primeira luz.
3. Contraluz (*back light*): uma luz posicionada atrás do ator, iluminando-o pelas costas e criando detalhes dramáticos e sutis em sua silhueta.

Além disso, existem outras maneiras de classificarmos os tipos de luz presentes na cena, considerando o tipo de incidência:

- Luz ambiente: é a luz já presente na cena, antes de qualquer outra luz ser adicionada. Muito utilizada nas filmagens em ambientes externos.
- Luz incidente: é a luz vista diretamente de uma fonte de luz, como uma lâmpada ou o sol.
- Luz dura: uma luz direta que "bate", sem desvios ou outras perturbações, naquilo que está sendo iluminado.
- Luz refletida: ao contrário da anterior, é a luz vista após ter batido em uma superfície, como um rebatedor ou uma parede.
- Luz suave: é a luz que parece envolver o que está sendo iluminado, como um véu. As sombras que ela produz também são muito suaves.

- Luz quente: é aquela levemente amarelada. Passa uma sensação de aconchego, de ambiente gostoso, de vida.
- Luz fria: é predominantemente branca, às vezes um pouco azulada, e pode ajudar a construir ambientes mais impessoais, frios, tecnológicos.

Som

Grande parte da intenção de um comercial é obtida graças ao conjunto que forma sua linguagem sonora. O diálogo entre dois personagens sobre os benefícios do produto; a narração, em forma de locução em off, contando a história do filme ou descrevendo os diferenciais da marca; a melodia, que pode ser inédita ou já famosa, servindo de pano de fundo para criar identificação com o target e construir o clima do filme; os efeitos sonoros, que, marcando cada cena, trazem mais proximidade com a realidade.

O trabalho de produção de áudio é decisivo para se construir um comercial convincente e eficiente. Mas, entre os quatro pilares de áudio do filme – diálogos, música, silêncio e efeitos sonoros –, você sabe o que é feito durante a gravação? Apenas um: o diálogo. Os outros três serão produzidos e mixados ao filme em uma etapa posterior. E vou falar sobre isso, claro. Por ora, vamos pensar em ouvir conversa alheia: a conversa que acontece no set, entre os atores, com a câmera ligada.

Durante a filmagem de um comercial com diálogos, a maior preocupação do técnico de som é que as falas sejam ouvidas e entendidas. Para isso, ele precisa de algo que é chamado "alta qualidade de retorno". Ou seja: uma qualidade de som sem chiados e ruídos externos, com a voz dos atores limpa, com volume adequado e sem falhas relacionadas a equipamento.

Entre as variáveis que influenciam a qualidade final do som captado durante as filmagens, certamente a mais importante se refere às características do local onde o comercial está sendo rodado: estúdio ou locação. As gravações em estúdio são as que propiciam maior controle da qualidade do som. Filmar em estúdio é como fazer o nascimento do comercial, isto é, o parto, em uma maternidade de primeira linha. O controle de tudo fica totalmente nas mãos da equipe do obstetra: o diretor. Quando ele pede silêncio, o silêncio é feito. Quando diz ação, quer dizer também "todo mundo calado que estamos filmando". Assim, a não ser que alguém da equipe espirre, consegue-se um ambiente sem problema algum de áudio.

Por outro lado, nas gravações em locações, especialmente externas, o técnico de som é aquele obstetra que faz o parto do comercial dentro de um ônibus. O som dos passageiros na rua ao lado, o latido do cachorro chato, um ciclone que eventualmente passe em cima da locação. Afinal, ciclones são bem comuns, não é? Nas gravações em locação, o uso de microfones específicos é ainda mais importante.

Outro fator crucial a considerar na captação do áudio é o tipo de cena. Por exemplo: um plano fechado de um só ator requer um tipo de captação de áudio; um diálogo em um bar lotado requer outro, completamente diferente. E como são feitas essas diferentes captações de áudio? Quem decide é o técnico de som. É ele quem comanda a escolha dos microfones apropriados e dos acessórios no posicionamento dos microfones, o que é feito pelo seu auxiliar imediato: o microfonista. Juntos, esses dois profissionais devem pensar em diversos fatores: no caso de som guia, captar sons isolados da sequência para serem montados em pista independente e mixados; a cada take, auxiliam o diretor em relação a textos sobrepostos, dicção defeituosa dos atores ou cortes de ação por defeitos técnicos de câmera, cabos ou ruídos externos à cena (ruídos de máquinas, aviões, animais, etc.) ou mesmo em caso de precipitação por parte do diretor no corte da ação; também é tarefa deles planejar a movimentação do boom com o microfone utilizado sem que provoque sombras sobre os personagens ou os cenários; e devem também saber camuflar os demais microfones distribuídos no set de filmagem, ocultando-os da captação da câmera.

Já falei um pouco sobre os tipos de microfone que podem existir no set. A seguir, alguns detalhes a mais sobre a função e utilização de cada um:

- Microfone direcional (shotgun): montado sobre uma haste móvel, é aquele que fica "em cima" dos atores. Ideal para captação de som sem interferência de som externo. É utilizado quando a voz de um ator precisa ser destacada. Por exemplo, em uma cena em que os atores estão correndo lado a lado, enquanto conversam.
- Microfone de lapela (lavalier): para quando o uso do microfone direcional for difícil, por causa da distância, posição ou ação dos atores. Capta o som das vozes. Também pode ser sem fio.
- Microfone multidirecional: para captar sons ambientes, ou seja, todos os sons do set. Utilizado em cenas que se passam em restaurantes, ginásios, escritórios e outros.

Agência: AlmapBBDO, São Paulo
Cliente: Alpargatas
Produto: Havaianas
Título: Cantada
Direção: Clovis Mello
Produção: Cine

https://goo.gl/Jj9Msn

Com a utilização de diversos microfones, consegue-se separar o áudio da filmagem em canais diferentes. Um canal só para a voz de um ator; outro para a voz de um segundo ator; outro para o som ambiente, e assim por diante. Desse modo, na hora da montagem do filme, se o técnico de áudio perceber algum problema em um dos canais, poderá trabalhá-lo separadamente. Como? Ajustando o volume da voz de um ator; tirando o som ambiente do cenário e substituindo-o por efeitos sonoros; desacavalando vozes sobrepostas, para deixar o diálogo mais claro.

Lembro-me de uma filmagem em que a voz do ator principal era sobreposta pela risada da atriz que contracenava com ele. Isso acontece sempre, e é o que dá mais naturalidade ao filme. Bons atores e bons diretores fazem com que o diálogo aconteça de forma dinâmica, com um personagem falando enquanto o outro ainda está falando. Exatamente como na vida real. Naquele comercial, entretanto, a sobreposição da risada da atriz acontecia justamente na frase mais importante do filme, dita pelo ator. Era o *grand finale*. E não estava dando para entender patavinas. "Tudo bem", pensei ingenuamente. "Como a atriz estava de costas quando ria, é só baixarmos o volume do seu canal de áudio, ou até mesmo eliminarmos a risada completamente". Mas veio a surpresa: não sei por qual motivo, o áudio dos dois atores não foi gravado separadamente, em canais diferentes.

Não sei por quê! Aliás, sei: o técnico de áudio pisou na bola. O que seria muito fácil de resolver virou um problema. No fim, a solução foi chamar os dois atores no estúdio de som, regravar seus textos e dublá-los, aí sim controlando o volume de cada voz. Foi uma situação meio amadora. Mas acontece. Alguém devia ter visto. Ou ouvido.

Truques de filmagem e efeitos especiais

O chroma key é aquele fundo verde, já conhecido até por quem não entende nada de cinema, que vemos em diversas imagens e vídeos de making of de comerciais e longas-metragens. É nesse fundo verde que são aplicados os outros elementos que farão parte da cena: pessoas, objetos, complementos do cenário, uma ambientação completa. Graças a ele podemos filmar o que seria uma cena no Coliseu em um cenário do tamanho de um ginásio. Podemos deixar o ator interpretando sozinho, e depois aplicar, na pós-produção, o enorme dragão com o qual ele conversa. O chroma key é a salvação para quem precisa otimizar os gastos na filmagem.

Figura 14 – Câmera posicionada para a captação de cena em chroma key.

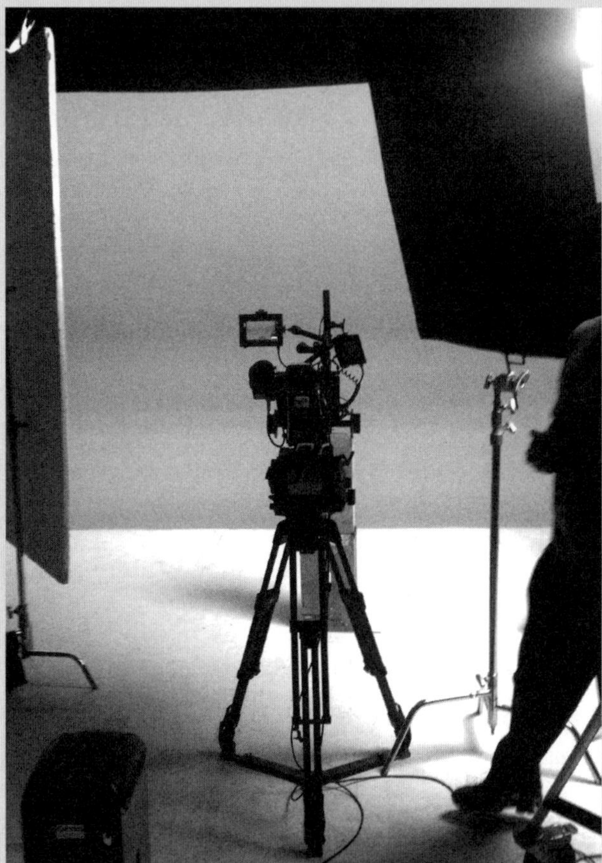

Crédito: Foto do autor

Atualmente, com a evolução da tecnologia de pós-produção, há comerciais e filmes que são filmados praticamente inteiros em chroma, como dizemos. Os atores tiveram que se acostumar a interpretar em cenários que não existem, a conversar com personagens que ainda não estão em cena. Mas, se tem uma coisa que mudou muito com a evolução desse recurso, é a complexidade de planos e ângulos de câmera. Agora, não há limites. Absolutamente tudo pode ser feito, já que boa parte das cenas é construída digitalmente. Depois, basta inserir os atores, na pós-produção.

E como era feito antes? Com muito dinheiro ou muita criatividade. O cliente que quisesse um comercial com um carro de Fórmula Indy correndo no gelo não tinha outra saída: precisava ir até a Antártida com toda a equipe de produção. E com o carro de corrida, claro. Imagine o custo disso. Foi o que a marca de cigarros Hollywood fez em um de seus grandiosos comerciais, na década de 1980.

Agência: DPZ, São Paulo
Cliente: Souza Cruz
Produto: cigarros Hollywood
Título: The Flying Lap
Direção: Paul Giraud

https://goo.gl/TIXwN0

Voltando ainda mais no tempo, um caso de longa-metragem: nos anos 1930, o cinema alemão vivia sua ascensão. Muitos filmes passaram a ser feitos em cenários grandiosos. Por exemplo: em uma cena de diversas pessoas na rua, em que se viam as outras ruas e pedestres lá atrás, em segundo plano, você sabe como os alemães faziam? Construíam uma grande tela, com metros de altura e de largura, com uma foto da cidade em perspectiva, com bastante profundidade. Na lente da câmera, realmente parecia uma cidade real sendo filmada. Mas e as pessoas? Como se conseguia que os atores ao fundo não se parecessem com gigantes? Olha só: vestiam crianças com roupas de adultos. O resultado final ficava perfeito. A criatividade sempre foi o melhor efeito especial.

A quantidade de mecanismos, invenções e técnicas usada no set para criar efeitos inesquecíveis nas cenas é infinita. Maquetes, perspectivas, chroma key, mock-ups, maquiagem, e assim por diante. No cinema, o responsável por tudo isso é o coordenador de efeitos especiais. Em publicidade, esse profissional existe quando o efeito especial a ser construído é muito complexo. Em casos mais simples, é o próprio diretor de cena que coordena o processo.

Mas seja lá qual for o efeito especial realizado, a trucagem, a invenção, o truque de câmera mirabolante, o mais importante de tudo sempre é a ideia. A ideia. É com ela, seja simples, seja complexa de se produzir, que você vai vender o peixe do cliente. Ou o aquário inteiro, se ela for fantástica. O que não pode é fazer perfumaria. Maquiagem demais cheira a ideia fraca disfarçada. É como dizem: a carroça faz mais barulho quando está vazia.

Termina aqui nossa experiência no set. Espero que tenha gostado, a diária foi muito produtiva. Agora, vamos às etapas da produção que acontecem longe do olho da câmera.

PRODUÇÃO DE SOM

Essa produção é feita no estúdio de som e envolve toda a trilha sonora de um comercial. Como você já sabe, a trilha sonora é o conjunto de quatro elementos sonoros que constituem um filme. Cada um deles tem um papel no comercial. Às vezes, aparecem juntos. Às vezes, separados:

- Diálogos
- Música
- Efeitos sonoros
- Silêncio

A identidade sonora de um filme é uma das coisas que o tornam mais original. Há marcas que se tornaram sinônimo de grandes produções de trilha – Coca-Cola e Nike, por exemplo. Em seus comerciais é comum vermos – aliás, ouvirmos – músicas tão marcantes que continuamos nos lembrando delas por dias.

No cinema, o caso mais emblemático é o do poema sinfônico "Assim falou Zaratustra", de Richard Strauss. Citando o nome, nem todo mundo conhece, mas é só falar na música do filme *2001: uma odisseia no espaço*, que eu duvido que alguém não entenda.

Enquanto o comercial é filmado, a equipe de produção de áudio trabalha a mil para criar essa identidade sonora. E a pessoa que mais entende disso é o maestro de som. Junto ao diretor de cena e ao diretor de criação da agência, é ele quem define o conceito da trilha sonora do filme. Assim, música, diálogos e efeitos sonoros vão funcionar em perfeita sintonia.

Dos quatro elementos formadores da trilha sonora, apenas um começa a ser trabalhado ainda na fase de produção: a música.

Música

A música é uma das formas mais poderosas de construir a mensagem, a linguagem e a identidade do comercial. Veja algumas de suas possibilidades:

- Definir o clima ou atmosfera: alegria ou tristeza, drama ou suspense, terror ou romance, atualidade ou nostalgia.

- Construir o ritmo: uma trilha eletrônica leva a filmes mais intensos; uma valsa pede uma história mais marcada, mais lenta.
- Demarcar a localização da história: canção *country* para filmes que se passam no campo; *funk* para histórias na periferia.
- Destacar momentos importantes do filme: o ponto de virada, uma ação importante do personagem, a entrada do packshot.
- Reforçar características do personagem: um rock pesado se quisermos mostrar que o personagem é um metaleiro, um samba para enfatizar a brasilidade de outro.

Mas atenção: esses são apenas usos corriqueiros. Clichês. O mais interessante é você descobrir maneiras de quebrar essas regras, tornando sua produção única.

Como já foi dito no começo do livro, a música pode ser original, isto é, composta pela produtora para o próprio comercial; pode ser uma trilha licenciada, já existente, comprada de um artista por tempo determinado; e, ainda, pode ser uma trilha branca, aquela que serve como fundo para as cenas, sem ter a pretensão de se transformar em um elemento icônico do comercial.

No caso da música original, há duas maneiras de se trabalhar: a primeira, a que considero ideal, é a produção da música depois da montagem do filme. Nesse caso, o maestro poderá acompanhar cada corte do comercial, colocando a dramaticidade da música no momento certo. O ponto de virada, o surgimento de um personagem-chave, a entrada do packshot. Esses instantes merecem ser sublinhados com som. A outra forma de se produzir a música é antes da edição do comercial. O maestro cria a canção por inteiro, com o tom que acha mais adequado e com a secundagem certa do filme. O montador do comercial recebe a música e a usa como base para criar os cortes de cena e o ritmo da narrativa.

E quando se trabalha com uma canção de domínio público ou com uma canção já existente, que teve seu *copyright* negociado para a utilização no filme? O primeiro passo é verificar se a música será usada na íntegra, ou seja, com sua gravação original, ou se será regravada pela produtora. O segundo caso é o que mais acontece. Além disso, existe também a possibilidade de alterar a letra da melodia, caso isso tenha sido acordado no contrato de cessão de direitos da obra.

Para todos esses casos pode ser necessária a contratação de um compositor, um arranjador, um cantor ou de uma banda inteira. É comum que a produtora de áudio já tenha confiança em determinados profissionais e por isso costume trabalhar sempre com as mesmas pessoas.

COMPUTAÇÃO GRÁFICA E ANIMAÇÃO

As informações visuais criadas por computação gráfica ou por animação podem aparecer no comercial de duas maneiras: no final do filme, identificando o produto ou o anunciante com logotipo e letreiros, ou durante o comercial, seja com a função de apenas complementar a história, seja para realmente construir a narrativa.

No caso de se acrescentar elementos que apenas complementem a história, a computação gráfica é realizada na fase de pós-produção. Esses elementos podem ser de diferentes tipos: um letreiro ao final do filme, como acontece nos comerciais de cerveja com a frase "este produto é destinado a adultos"; um texto durante a história, que traga uma informação relevante ao espectador, como a cidade e o ano em que se passa a narrativa; ou uma animação interessante para a entrada do logotipo ou do packshot do cliente. São coisas simples, tanto que muitas vezes são resolvidas no departamento de computação gráfica da própria produtora de cena.

Há situações, porém, em que a computação gráfica e a animação são decisivas para fazer o comercial existir. Isso acontece quando o aspecto gráfico é parte da própria história, e não apenas um complemento: um personagem de desenho animado conversando com uma pessoa real; a cena de um homem flutuando no espaço, na qual o espaço será aplicado por meio de pós-produção; um comercial feito completamente com animação; uma situação que mostra dois carros que ainda não existem de verdade, etc. Casos como esses envolvem conhecimento e *softwares* mais específicos. Por isso, contrata-se uma produtora especializada para trabalhar em conjunto com a produtora de cena.

O trabalho de computação gráfica e animação evoluiu absurdamente nos últimos dez anos. Em grande parte, graças ao novo modelo criado pela norte-americana Pixar, a partir do desenho animado *Toy Story*. Hoje em dia, raramente uma animação é feita à mão. Elas existem, claro, e têm até um charme especial. Mas a maioria do que vemos é produzida por computador, que pode ser 2-D, com arte bidimensional, ou 3-D, tridimensional. Se a filmagem leva um ou dois dias, a computação gráfica e a animação podem levar semanas. É um processo bem específico, trabalhoso. E muito bacana de se acompanhar. Simplificando bastante, a criação de um personagem ou objeto animado envolve os seguintes passos:

- Modelagem: é a criação do objeto ou personagem tridimensional. Pode ser feita com desenho, massinha ou modelo em argila. O resultado é escaneado, gerando um protótipo tridimensional, em uma imagem vetorial.

- Animação: é quando o animador posiciona o objeto ou o personagem e dá movimento a ele, criando outras posições, encolhendo, esticando, correndo, pulando em um cenário digital ou até um cenário real, previamente filmado.
- Iluminação: nesta etapa, luzes são acrescentadas à cena e ao objeto, dando-lhes texturas próprias, cores e outras características que vão ajudar a compor sua personalidade, seu estilo.
- Renderização: é nesta etapa que se finalizam os frames da animação. Ou seja: as informações visuais de cada quadro, como luzes, contrastes, texturas e movimentos, serão finalizadas e unificadas em uma só imagem. O ideal é que a agência veja o processo antes da renderização, já que essa etapa é bastante demorada.
- Finalização: é a gravação ou a conversão final para o arquivo que será usado pela agência ou pela produtora.

Entre as diversas técnicas de animação em computador, uma que vem sendo muito utilizada é a chamada *motion capture*. A técnica consiste no escaneamento dos movimentos de uma pessoa real por meio de uma câmera especial e de sensores que são colocados em seu corpo. Seus movimentos, então, são reproduzidos em um personagem virtual.

A mistura de técnicas de animação aos comerciais foi mais um passo para possibilitar qualquer tipo de produção ou ideia. Cenários absolutamente fantásticos, personagens surreais, ângulos de câmera impensáveis alguns anos atrás. A linguagem cinematográfica deu um largo passo para se tornar ainda mais sedutora. E as mensagens dos anunciantes ganharam mais um aliado na busca de comerciais memoráveis. Hoje, até a entrada em quadro de um simples logotipo pode, e deve, ser algo marcante.

Agência: Adam & Eve DDB, Londres
Cliente: John Lewis
Produto: Institucional
Título: Monty the Penguin
Direção: Dougal Wilson
Produção: Blink Productions
Efeitos visuais: MPC

https://goo.gl/KN06pk

A pós-produção

Chegamos à reta final. As cenas já foram gravadas, a música foi produzida. Há muito material disponível para montar o filme. Vamos organizar esse caminhão de coisas e montar logo o comercial?

A fase de pós-produção é a etapa em que todos os elementos audiovisuais que foram produzidos são editados, montados e mixados, dando forma ao comercial como o veremos no ar. É agora que são feitos ajustes e correções de cores. Na edição, as melhores cenas serão escolhidas, e os melhores momentos das cenas escolhidas serão utilizados, na ordem certa; na montagem, será definido o ritmo, ou seja, a velocidade do comercial, com todas as transições necessárias para se juntar uma cena à outra; o material gravado será unido ao material criado por computação gráfica; os letreiros serão criados e aplicados no local exato do filme; a trilha sonora será finalizada e inserida na narrativa, sincronizada aos elementos visuais.

A pós-produção é o polimento da joia. O último ensaio geral do maestro com sua equipe. O comercial está para nascer.

SOM

Dos quatro elementos que compõem a trilha sonora do comercial, a esta altura, provavelmente, a música já foi produzida. Mas é agora, com o material já filmado, que os outros três elementos – diálogos, efeitos sonoros e silêncio –, podem ser trabalhados.

Diálogos

Diálogo é tudo o que é dito no filme, por uma voz que pode estar em cena ou não. Pode ser uma conversa entre dois ou mais atores, ou uma conversa interior, uma voz em off do ator; pode ser um monólogo, um recado para o espectador, dito diretamente para a câmera, olho no olho da lente; pode ser também uma narração feita por um locutor que não está em cena, direcionando o espectador pela história, dando informações, criando o clima, construindo a mensagem.

Embora o diálogo seja gravado durante a filmagem, é após a gravação que ele será inserido nas cenas. Na produtora de som, as vozes são equalizadas. O resultado é avaliado. Se a captação ficou boa, segue-se em frente. Mas e se uma das vozes não ficou boa? E se, por algum motivo, se decidir que o tom de voz do ator não é o ideal? Ou quando se percebe, só mais tarde, que o ator errou o texto? A solução é trabalhosa, mas dá para resolver de maneira relativamente simples: dublando. Convocam-se os atores de volta, agora para uma diária na produtora de áudio. Chama-se também o ator com a "nova voz" que será aplicada ao filme. A dublagem é feita com eles assistindo às cenas já editadas. Dessa forma, podem ter maior noção sobre o *lip sync*, ou seja, a sincronização de sua fala com o movimento dos lábios do ator que foi filmado.

Uma outra técnica de diálogo consiste no uso do locutor que não aparece em on, ou seja, na cena. É o locutor em off. Pode ser uma voz masculina ou feminina, mais empostada ou mais jovem, de adulto ou criança... são inúmeras possibilidades. A escolha depende do tom que se deseja transmitir com a locução em off: credibilidade, juventude, seriedade, delicadeza, bom humor, maturidade, inovação, conservadorismo, etc. O tipo de voz do locutor ajudará a construir o estilo e o clima do comercial, gerando identificação com o target. E como a locução em off pode ser usada? Para que ela pode ser usada? Depende da criatividade da agência. Contar a história, descrever o produto, conversar com os personagens, fazer uma observação em determinada cena, apenas assinar o filme. Uma boa locução, original e interpretada com genialidade, pode transformar completamente um filme. E, sempre, a favor do recall da marca.

Efeitos sonoros

Todos os efeitos sonoros de um filme também são acrescentados aqui, na pós-produção, com a primeira montagem do comercial nas mãos. Assim, pode-se ter mais controle, por exemplo, sobre o volume dos ruídos, sobre o ponto certo de entrada do som nas cenas, sobre o tipo de efeito sonoro mais adequado a cada momento, etc. Basicamente, os efeitos sonoros podem servir para:

- Dar realismo ao comercial: ruído de chuva fora do ambiente, como se fosse na rua; vozes sobrepostas, criando a cacofonia de uma rua movimentada; barulhos de talheres e louças em um restaurante; buzinas de carros e sirenes em uma cidade grande; o cricrilar de grilos e o coaxar de sapos em uma fazenda, durante a noite.
- Enfatizar momentos importantes do filme: som da batida de um carro, tiros de revólver, moedas em uma caixa registradora. A respiração ofegante de um personagem,

o coração batendo forte de outro, o zunido do pernilongo. Em todos esses casos, os efeitos sonoros ampliam a experiência da audiência. Eles são colocados de maneira exagerada, em um volume mais alto e com mais clareza do que seria natural, justamente para deixar muito evidente a mensagem que se deseja transmitir.

- Acentuar uso e características do produto anunciado: o leite delicioso caindo dentro do copo, o cereal sendo jogado na tigela, a colher mexendo o café na xícara, o trigo caindo no caldeirão para preparar a cerveja, a garrafa de champanhe sendo aberta. Também colocados em um volume mais alto do que ouvimos aqui no mundo real, no comercial esses sons ajudam a enfatizar atributos vendedores do produto, aumentando seu *appetite appeal* e tornando-o mais atraente.

No exemplo a seguir, os efeitos sonoros servem para acentuar o clima do comercial. São efeitos que deixam evidentes os sons da natureza, contribuindo para a mensagem de tranquilidade a ser transmitida:

Agência: Grey, Londres
Cliente: Vodafone
Produto: Vodafone Red
Título: Lake
Direção: Frédéric Planchon
Produção: Academy

https://goo.gl/UD1BSI

Agora, veja um exemplo em que o efeito sonoro é realmente a ideia do comercial. Sem ele, o filme e a mensagem não existiriam:

Agência: BBDO, Nova York
Cliente: GE
Produto: Institucional
Título: The boy who beeps
Direção: Lance Acord
Produção: Park Pictures
Sound design: Barking Owl

https://goo.gl/TT4qlt

Silêncio

O quarto e último componente da trilha sonora de um comercial é justamente a falta de som. Silêncio é algo raro hoje em dia. Vivemos uma avalanche de informações, sons, conversas, opiniões. A todo momento em que há um instante de silêncio, o incômodo logo se estabelece. É como se não pudéssemos mais parar "para ouvir", o que interessa é o parar "para dizer". Mas o silêncio pode dizer muita coisa. No comercial, o instante mudo pode aumentar o suspense; o início do filme sem trilha pode chamar a atenção, já que praticamente todos os comerciais têm algum tipo de som desde seu início; o corte da trilha, inserindo segundos de silêncio, cria uma ruptura na narrativa e um ponto de atenção para a peça. O silêncio pode ser um convite para o espectador ponderar sobre o que acabou de assistir.

É preciso sensibilidade e sutileza para construir a medida certa do silêncio. Mas, quando se consegue, o resultado pode ser mais arrebatador e poderoso do que muitas vozes juntas dizendo algo.

Mixagem

Mixagem sonora é a etapa em que se juntam os diferentes elementos sonoros (ruídos, diálogos, música, locuções), sempre um em cada canal diferente, para fazer a sincronização com a imagem. É nesta etapa que se ajustam os volumes das falas dos atores, da música e dos efeitos sonoros. Tudo para que eles se complementem naturalmente, sem um atrapalhar o outro e sem haver distorções. Terminada a mixagem, o material de áudio está pronto para ser enviado à digitalização.

DIGITALIZAÇÃO DE VÍDEO E SOM

Nesta etapa é realizada a padronização eletrônica de todo o material que será inserido no filme. Cenas filmadas, material produzido por computação gráfica, animação, música, áudio captado durante a gravação, logotipo do cliente, imagens do produto. É preciso que todos os profissionais envolvidos no processo de pós-produção consigam acessar e trabalhar com cada um desses elementos, os quais, agora que poderão ser visualizados, são chamados de clips. Há os clips visuais, os clips de áudio e os clips de imagem.

CORREÇÃO DE COR

Todo elemento digitalizado pode ter sua cor corrigida ou alterada. Isso é importante para unificar a linguagem visual do filme e também para corrigir possíveis falhas que não foram percebidas durante a gravação – por exemplo, sombras exageradas. É nesta etapa também que se pode alterar bastante algum elemento da cena: a cor da camisa de um personagem, o fundo do cenário, o aspecto geral do filme, etc.

Atualmente, a maioria dos comerciais passa por uma intensa correção ou mudança de cor. Ainda existem os diretores e fotógrafos puristas, que preferem manter a imagem o mais próximo possível de como ela foi gravada. Mas, no geral, todos já se renderam à facilidade – e aos milagres – que a correção de cor digital pode proporcionar. Há casos em que ela pode simplesmente salvar um filme. Certa vez, participei da criação e produção de um comercial para a Roche, multinacional do ramo farmacêutico. O produto era um remédio para evitar espinhas em adolescentes. A ideia do comercial era mostrar uma praia cheia de pegadas, de buracos na areia, como uma metáfora para a pele cheia de espinhas. A certo momento vinha uma onda – a metáfora para o medicamento – que "varria" a areia, deixando-a lisinha e sem pegadas novamente. Ok, tudo certo. Ou quase tudo certo: durante a filmagem, choveu o dia inteiro. O céu parecia o cenário do pré-apocalipse, de tão preto. Com luz artificial, conseguimos uma boa fotografia para a areia, mas aquele céu 70% *black* estragava o filme. Porém, tínhamos que filmar. A previsão do tempo não era nada animadora e o orçamento aprovado era para apenas uma diária. Não dava para esperar o dia seguinte, a semana seguinte, nada disso. Com as cenas gravadas, fomos direto para um estúdio de pós-produção especializado em correção de cor. A produtora com a qual trabalhamos era pequena, eles não tinham o equipamento e o *software* necessários para a proporção do problema que precisávamos resolver. Deixamos lá o HD com todas as cenas e fomos embora. Rezando. Alguns dias depois, o diretor do estúdio de pós-produção nos envia, por e-mail, uma imagem em jpg de como o céu estava ficando. Era um milagre. O céu do Caribe tinha aparecido no nosso filme: azul, claro, lindo. O milagre da correção de cor salvou nosso comercial. Hoje admito que o céu nem ficou tão bonito assim, mas comparado à massa escura que tínhamos antes...

COMPOSIÇÃO

Nos casos em que haverá a mistura de cenas reais com cenas produzidas em computação gráfica, é na fase de composição que é feita a união das duas linguagens. A nave espacial que invade a cidade, o estádio lotado gritando em volta do jogador de futebol filmado em chroma key, o cenário desértico atrás do carro veloz, dois atores filmados em momentos diferentes que precisam, no filme final, estar na mesma cena. É tarefa do departamento de efeitos especiais trazer tudo para o mesmo mundo das cenas filmadas. O universo real e o virtual vão, enfim, fazer parte da mesma história.

Agora, assista a este comercial e depois ao seu making of. É inacreditável.

Agência: Marcel, Paris
Cliente: Cartier
Produto: Institucional
Título: L'Odyssée de Cartier
Direção: Bruno Aveillan
Produção: Wizz Quad

https://goo.gl/jlfBlk

Making of:

https://goo.gl/6r0mf7

EDIÇÃO

Depois que todas as cenas já passaram pela digitalização, correção de cor e composição, chega o momento da edição.

Edição é a etapa em que se define quais cenas e quais instantes de cada cena serão utilizados na montagem do filme. Isso é uma arte. O editor é um dos três principais profissionais criativos envolvidos na produção do comercial, junto ao diretor de criação e ao diretor de cena. Sua interpretação do filme pode mudar completamente o rumo da história, por isso ele é considerado um segundo diretor de cena do comercial. A ilha de edição é como se fosse sua câmera. Ele tem à frente um punhado de coisas acontecendo e precisa captar o melhor de cada momento, juntando com o momento seguinte e com o próximo, acrescentando packshot, aplicando letreiros, ajustando som. Tudo isso até construir o primeiro tratamento do comercial.

Para começar a trabalhar, o editor recebe três itens fundamentais:

- O roteiro: lendo e relendo, ele vai entender bem a história, o clima e o ritmo imaginados pela agência para o comercial.
- O material bruto, ou seja, o arquivo digital com todo o material captado.
- O boletim de filmagem, no qual poderá ver quais takes de cada cena foram marcados como ideais pelo diretor e por seu assistente durante a gravação.

Ao mesmo tempo, o editor conversa com o diretor, que passará suas impressões sobre o que foi produzido e o que ele imagina para o comercial com relação ao ritmo, clima, cortes, etc. Então, ele assiste ao material bruto, dando especial atenção aos takes já selecionados no relatório de filmagem, e parte para os passos a seguir:

- Relatório de edição: detalha quais takes considera ideais, marcando o time code correspondente a cada corte.
- Seleção de takes e trechos dos takes: o editor escolhe os melhores instantes para compor cada cena.
- Sequência das cenas: inserção, na timeline do seu *software* de edição, das cenas na ordem que ele imagina ser a mais interessante para contar a história. Na maioria das vezes, segue a ordem do roteiro. Mas o editor pode surpreender com outra sugestão.
- Criação do tempo da narrativa: o editor exclui trechos dos takes, repensa se algumas cenas são realmente necessárias, cria cortes que não estavam previstos, etc. Tudo para fazer o filme se encaixar na secundagem que deverá ter – 30 segundos, 90 segundos, 2 minutos... – e também para criar uma experiência dramática que seja sedutora e dinâmica ao target.
- Ritmo: para dar ao comercial a velocidade que ele precisa ter, o editor pode "picotar" o filme, criando novos cortes para acelerá-lo; pode acrescentar transições, como fusões, dissolves e fades para desacelerar a história; pode acrescentar slow motion ou, o contrário, pode acelerar a cena.
- Enquadramento: o editor pode criar planos que não foram filmados, aplicando o efeito de zoom.

- Montagem: edição e montagem não são a mesma coisa. Editar é colocar as cenas em uma determinada ordem para contar a história. Já a montagem pressupõe a reunião das cenas de uma maneira mais artística, mais solta, sem a obrigação de conversarem entre si, de contar uma história. É um recurso muito utilizado, por exemplo, em comerciais que parecem videoclipes, em que as cenas servem como pano de fundo acompanhando a batida da música. Vemos super closes, cenas em slow motion, muitos cortes. Se reorganizarmos as cenas em outra ordem, não faria diferença.
- Inserção de letreiros e packshot: o editor, acompanhando o roteiro, acrescenta os letreiros dramáticos, técnicos e legais sobre as imagens, criando efeitos visuais para seu surgimento e desaparecimento em cena. Os letreiros dramáticos são aqueles que ajudam a contar o comercial, sinalizando a localização no tempo ou no espaço, nome ou características de personagem. Os letreiros técnicos descrevem características do produto ou anunciante, como slogan, sabor do produto, modo de uso, preço, etc. E os letreiros legais são os obrigatórios por regulamentação jurídica de cada país, como nos casos de bebida alcoólica ("produto destinado a adultos"), medicamentos ("o médico deverá ser consultado"),

comerciais destinados a crianças ("os brinquedos não se movem sozinhos"), etc.

Este comercial da Nike é uma obra-prima de edição. Sem contar a direção do Guy Ritchie. Divirta-se:

Agência: Wieden+Kennedy, Portland
Cliente: Nike
Produto: Institucional
Título: Take it to the next level
Direção: Guy Ritchie

https://goo.gl/yu1Hlw

Terminada a primeira edição, o editor se junta ao diretor de cena, que faz suas observações para a conclusão da primeira edição off-line. O off-line é o filme editado que ainda não está pronto para ser veiculado. O termo é antigo: era usado porque, anos atrás, o equipamento de edição produzia um tipo de material que não tinha qualidade para ir ao ar. O produto editado seria ainda substituído pelas cenas em alta resolução, gerando o on-line – este, sim, pronto para ser veiculado. Com as novas tecnologias, isso mudou completamente. Hoje o editor trabalha sempre com a máxima resolução. Os termos off-line e on-line servem apenas para especificar o que não está pronto e o que está finalizado para ser veiculado. Ou seja: o material editado já tem qualidade para ir ao ar. Mas faltam alguns pouco detalhes, que serão resolvidos na próxima e última etapa da produção.

Apresentação e fechamento

Chegou a hora. Depois do comercial finalizado, a produtora marca uma reunião com a agência para apresentá-lo. Uma sala bacana é reservada, de preferência com uma boa televisão de tela gigante e som de cinco canais. Nessa apresentação, participam alguns dos profissionais que estiveram presentes desde as reuniões de pré-produção. Por parte da agência: diretor de criação, dupla de criação, diretor de RTV e atendimento. E por parte da produtora: produtor executivo, diretor de cena e atendimento. Quando o comercial envolve uma complexa computação gráfica, animação ou produção de áudio, os responsáveis por essas áreas também são convocados.

O diretor de cena, então, faz uma breve introdução, contando suas impressões sobre o comercial acabado. Então, *play* na máquina: o filme é exibido uma, duas, três vezes, o quanto for necessário. É muito comum também que o pessoal da agência peça para repetir algum trecho para tirar dúvidas ou fazer comentários. Para isso serve a apresentação. É o momento em que o comercial é visto com um olhar totalmente focado em entregar ao anunciante um filme que tenha tudo que ele está esperando.

Se houvesse um *checklist* de controle de qualidade do comercial, ele poderia ter como base as seguintes questões:

- A história e a ideia do comercial estão claras? Não há nada confuso?
- Ele atende aos objetivos do cliente? Está vendendo o produto ou a mensagem?
- O comercial representa bem a ideia do filme que foi vendido ao cliente?
- Ele é sedutor? Impactante? Convincente?
- É capaz de prender a atenção do target? Seu ritmo é adequado?
- A trilha sonora está em harmonia? Ela é boa? Muito boa?
- Os letreiros estão bem colocados? São legíveis? São realmente necessários?
- O packshot aparece de maneira marcante?
- Você deixaria de ir ao banheiro para ver este comercial? Você o compartilharia nas redes sociais?

- Você tem orgulho de ter participado da produção deste comercial?

Se algum desses pontos não está sendo respondido de maneira muito satisfatória, podem-se fazer alterações no filme. Trocar uma cena por outra que tenha sido gravada, fazer ajuste de locução, alterar a forma de apresentação do packshot. São alterações pequenas e corriqueiras. O orçamento as contempla. O mais complicado de tudo é quando alguma mudança requer a refilmagem. Aí, meu amigo... aí complica. É preciso renegociar, procurar outra solução, conversar... talvez até apresentar o filme ao cliente da maneira como está. De repente, ele até ache desnecessário refilmar. É um assunto que o diretor de criação, o diretor de cena e o RTV decidem em conjunto. Sempre com o atendimento ao lado, de olho no prazo para ver se não haverá atraso na primeira veiculação.

Se não houver alterações, a produtora entrega o comercial para a agência, gravado em DVD ou em arquivo digital. Se houver alterações, é combinado um prazo para que elas sejam feitas, e então é marcada a reunião de apresentação para o cliente.

Com o anunciante, o cliente, que é o dono do dinheiro e do comercial, vale a pena fazer um showzinho para apresentar o filme. Uma boa sala, com telão, iluminação baixa e som de primeira; comidinha e bebidinha; o *board* da agência presente. Durante a exibição, o mais comum é que o pessoal da agência fique atento, disfarçadamente, para a expressão do diretor de marketing. Se o sujeito sorrir... é porque provavelmente vai dar tudo certo. E, se o comercial foi produzido com calma e exigência, desde a fase de pré-produção, geralmente dá tudo certo mesmo. O cliente aprova. Parabeniza. Agradece. E espera só mais um pouquinho para ver seu comercial ir ao ar.

Depois que o comercial foi aprovado pelo anunciante, segue-se uma cadeia de pedidos e respostas entre diversos departamentos da agência e da produtora para que a parte técnica do arquivo contendo o filme seja preparada e enviada da maneira correta. Essa etapa é chamada de fechamento, e o fluxo de trabalho costuma acontecer da seguinte forma:

- O atendimento comunica ao RTV que o comercial foi aprovado.
- O departamento de mídia descreve o cronograma final de veiculação, enumera os veículos e indica o formato de envio para cada um deles: BETA ou arquivo digital. Neste último caso, quais formatos de arquivo são necessários. Atualmente, o filme pode ser veiculado em tevê aberta, tevê a cabo, cinema, internet, ponto de venda, monitores (de elevador, de lojas, painéis) e rapidamente ainda estão surgindo outras possibilidades.
- O RTV solicita as cópias ou arquivos para a produtora, nos formatos de envio descritos pela mídia.

- A produtora registra o filme na Ancine, recolhendo uma taxa proporcional à veiculação.
- A produtora envia o material para a agência, agora com uma claquete antes do comercial. Essa claquete, obrigatória, é como um cabeçalho antes do filme.
- A agência confere as cópias e envia o material aos veículos.
- As emissoras checam o material e, se estiver tudo correto, transmitem o filme.

Modelo de claquete para envio de material aos veículos:

Logomarca	**Nome da produtora**
Cliente:	
Agência:	
Produto:	
Anunciante:	
Título:	
Duração:	
Data de solicitação de registro:	Ano de produção:
Segmento de mercado:	
CRT principal:	CRT versão:
Produtora:	
CNPJ da produtora:	
Direção:	

Por fim, vem a resolução da parte burocrática que envolve pagamentos e revisão de contratos de todos os profissionais envolvidos na produção. Horas extras são calculadas, custos imprevistos apresentados, descontos são aplicados. Atores, profissionais *freelancers*, parceiros da produtora e da agência. E a própria produtora e a agência. Todo mundo recebe sua comissão pelo bom trabalho realizado. Afinal, o comercial está sendo veiculado. Vamos torcer para que seja um grande sucesso.

Conclusões

O trabalho de produção de um comercial tem alguns métodos de rotina. Mas fique à vontade para inventar os seus próprios caminhos. O que apresentei neste livro é a forma como a maioria das produtoras costuma trabalhar. Ou, ao menos, o método daquelas com as quais trabalhei e que vi dar bons resultados. A produção também é uma tarefa criativa, e pode assumir caminhos que nunca vimos antes. Com o "luz, câmera, ação", pense em "luz, câmera, criação".

Espero ter sido claro na descrição de todas as etapas. Agora, cabe a você colocá-las em prática. Lembre-se: a teoria enriquece um trabalho, mas só com vivência real você pode descobrir novas soluções, corrigir erros, fazer acontecer. Ninguém fica craque sem botar a mão na massa. Não importa a sua área de atuação: direção, produção, música, atendimento, criação, edição... busque projetos para se envolver, ou invente seus próprios projetos. Falta verba? Faltam parceiros? Faltam ideias? Faça tudo sozinho. Sim, literalmente. Invente uma história para contar e filmar, pegue a câmera do seu celular e vá em frente. No fim, a internet está aí para divulgar seu comercial, seu curta-metragem, seu longa-metragem, o que for. Seu cartão de visita visual. E outra coisa: lembre-se de que não é todo mundo que tem coragem de se expor, mostrando seu trabalho para Deus e o mundo. No mínimo, você já vai sair na frente da maioria das pessoas que, presas à sua autocrítica, evitam se jogar aos leões. Coragem, e boa sorte.

Se você quiser fazer alguma crítica ou dar sugestões para a próxima edição deste manual, meu contato está no site www.tiagobarreto.com.br. E se precisar de ideias de roteiros para filmar, tenho uma gaveta cheia delas. Vai ser um prazer trabalhar com meus leitores.

Um abraço e até logo. Nos vemos no set.

Fluxograma da produção

A ESCOLHA DA PRODUTORA

Via repertório

Via diretor de cena

Via concorrência por orçamento

PARCEIROS DA PRODUTORA

Produtora de som

Música original

Música já existente

Música de domínio público

Trilha branca

Efeitos sonoros

Locutor

Produtora de computação gráfica

Produtora de animação

Agentes de celebridades

Desenvolvedores de bonecos

Produtora de pós-produção

Orçamento final

A PRÉ-PRODUÇÃO

A REUNIÃO DE PRÉ-PRODUÇÃO

Profissionais da agência envolvidos

Diretor de criação

Diretor de arte e redator

Diretor de RTV

Atendimento

Profissionais da produtora envolvidos

Produtor

Produtor executivo

Diretor de cena

Assistente de direção

Atendimento

Outros profissionais envolvidos

Diretor de computação gráfica ou diretor de animação

Produtor de áudio

A pauta da reunião de pré-produção

Objetivo do comercial

Interpretação do roteiro

Storyboard

Fotografia e iluminação

Casting

Figurino

Cenografia

Trilha sonora

Disponibilidade do produto do anunciante

Policies do cliente

Sugestão de cronograma de produção

AS TAREFAS DA PRÉ-PRODUÇÃO

Contratação da equipe

Locação de equipamentos

Produção de mock-ups

Obtenção de licenças e autorizações

- Licenças de *copyright*
- Licenças de uso de imagem
- Licenças de uso de espaço
- Licenças e padrões legais

Contratação de seguros

Seleção de locações ou reserva de estúdio

Construção do set de filmagem

Seleção de elenco

- Ator principal
- Ator secundário
- Ator figurante
- Adequação ao comercial
- Adequação ao cliente
- Disponibilidade e interesse do ator

Locação ou produção de figurino

Locação ou produção de mobiliário e objetos

A PRODUÇÃO

A REUNIÃO DE PRODUÇÃO

Profissionais envolvidos (agência)

- Diretor de criação
- Dupla de criação
- Diretor de RTV
- Assistente de RTV

- Atendimento

Profissionais envolvidos (produtora)

- Produtor
- Produtor executivo
- Diretor de cena
- Assistente de direção
- Atendimento
- Diretor de computação gráfica ou diretor de animação
- Produtor de áudio

A pauta da reunião de produção

Shooting board

Aprovação da locação ou set e cenografia

Aprovação do elenco e distribuição de papéis

Figurino e acessórios

Trilha sonora

Efeitos visuais

Aprovação do cronograma de produção

O DIA DE FILMAGEM

A equipe de filmagem

Produção

- Diretor de produção

Direção

- Diretor
- Primeiro assistente de direção
- Segundo assistente de direção

Departamento de câmera ou de fotografia

- Diretor de fotografia
- Operador de câmera

- Primeiro assistente de câmera
- Segundo assistente de câmera
- Assistente de iluminação
- Maquinistas
- Eletricistas

Departamento de arte

- Desenhista de produção
- Diretor de arte
- Pintores cenográficos
- Marceneiros cenográficos
- Aderecista
- Cenografista
- Figurinista
- Maquiador
- Coreógrafo

Departamento de sonorização

- Operador de áudio/técnico de som
- Operador de microfone (*boom operator*)

Departamento de efeitos especiais

- Técnico em efeitos cênicos
- Assistente

Outros profissionais ligados a todos os departamentos

- Auxiliares
- Serviços gerais
- Motorista
- Assistência médica e bombeiros

As etapas da filmagem

Cenografia

Chegada dos equipamentos

Equipamentos de vídeo
Equipamentos de iluminação
Equipamentos de áudio
Equipamentos de eletricidade
Equipamentos de apoio
Montagem da iluminação
Recebimento de refeições
Chegada da equipe completa
Chegada do elenco
Maquiagem
Ajuste de figurino
Ensaio
Chegada da equipe da agência e do cliente
Gravação
Revisão do material captado
Dispensa de atores e desmontagem de cenário

GRAVANDO
Plano de filmagem
O diretor em ação
A dinâmica da gravação
O lugar do diretor
Claquete
Tempo para filmagem das cenas
Ordem de filmagem das cenas
Preparação do set para as cenas
Ajuste de figurino e maquiagem
Ordem de comando
Cronometragem

Revisão do material captado
Comunicação no set
Refeições
A composição da cena
Enquadramento
Movimentos de câmera
Foco
Iluminação
Som
Truques de filmagem e efeitos especiais
PRODUÇÃO DE SOM
Música
COMPUTAÇÃO GRÁFICA E ANIMAÇÃO

A PÓS-PRODUÇÃO
SOM
Diálogos
Efeitos sonoros
Silêncio
Mixagem
DIGITALIZAÇÃO DE VÍDEO E SOM
CORREÇÃO DE COR
COMPOSIÇÃO
EDIÇÃO

APRESENTAÇÃO E FECHAMENTO

Glossário

Tão importante quanto buscar referências é conhecer a linguagem que está por trás delas. Tão importante quanto pensar no tempo do comercial, é pensar no prazo que você, criativo, tem para entregar o job. Assim, coloco aqui um resumo dos termos técnicos utilizados neste livro e ainda apresento outros que lhe tornarão a linguagem de produção de comerciais mais familiar, além de fazer você escrever roteiros de modo mais objetivo, profissional e rápido. Não é necessário decorá-los. A prática vem com o treino.

Ação: termo usado para descrever a função do movimento que acontece diante da câmera.

Ação direta: roteiro que obedece à ordem cronológica.

Argumento: resumo contendo as principais indicações da história, localização e personagens. Defesa da história.

Assinatura: o slogan do produto/marca ou o resumo da mensagem do filme.

Áudio: porção sonora de um filme.

BG (background): quando o áudio vai para segundo plano.

Boletim de filmagem: documento com anotações sobre o andamento da filmagem, para orientar a edição do filme.

Brainstorm: tempestade de ideias. Quando o criativo deixa fluir a imaginação e coloca para fora todas as suas ideias, boas ou ruins.

Break: na tevê, o intervalo comercial.

Call to action: ordem de ação para o consumidor.

Câmera subjetiva: câmera que funciona como se fosse o olho do ator.

Casting: elenco de atores.

Cena: unidade dramática do roteiro, seção contínua de ação, dentro de uma mesma localização.

Claquete: quadro usado para marcar cenas e tomadas.

Clichê: cacoetes verbais, visuais ou auditivos.

Clímax: sequência mais dramática e decisiva de um roteiro.

Clip: narrativa com mudança rápida de cenas.

Close-up: plano que enfatiza um detalhe.

Composição: características psicológicas, físicas e sociais que formam um personagem.

Conflito: embate de forças e personagens, por meio do qual a ação se desenvolve.

Contraste: diferenças explícitas na iluminação.

Corte: passagem direta de uma cena para outra.

Decupagem: detalhamento das cenas do roteiro.

Dolly: carrinho utilizado para prender a câmera durante o travelling.

Drones: equipamentos aéreos de pequeno porte.

Epílogo: cenas de resolução.

Espelho: página do roteiro que traz informações sobre personagens, locações, etc.

Fade in: imagem emergindo da tela escura para a tela iluminada.

Fade out: tela escurecendo gradualmente.

Fast-forward: movimento acelerado da cena.

Flashback: cena ou cenas que remetem ao passado.

Fresnel: equipamento que permite ajustar o foco da luz.

Fusão: fusão de duas imagens, a primeira sobrepondo-se à segunda.

Grua: equipamento utilizado para elevação e movimentação da câmera.

Insert: em termos narrativos, imagem rápida que antecipa um fato.

Job: trabalho, projeto.

Lettering: letreiro.

Localização: onde a história acontece.

Locução: voz explicativa ou narrativa, sem emissor aparente.

Locução em off: quando o locutor da narrativa não aparece no vídeo.

Meio: como a mensagem é transmitida.

Mock-ups: modelo em escala ou de tamanho real de algum objeto.

Monstro: rascunho do filme. Montagem eletrônica feita somente para apresentação, e não para veiculação.

Off: vozes ou sons presentes sem se mostrar a fonte emissora.

Off-camera: diz-se de algo que não é mostrado no vídeo (em off).

On-camera: algo que é mostrado, que acontece em frente às câmeras.

Overpromise: promessa exagerada, que não se sustenta.

Packshot: imagem do produto.

Panorâmica: câmera que se move de um lado para outro, dando uma visão geral do ambiente.

Plano americano: mostra uma pessoa dos joelhos para cima.

Plano médio: mostra uma pessoa da cintura para cima.

Plot point: ponto de virada ou conflito de uma narrativa.

Ponto de vista: câmera situada na mesma altura do olho do ator.

Quick motion: movimento acelerado.

Raf/rough: rascunho.

Recall: índice de lembrança que o target tem de uma peça publicitária.

Ritmo: harmonia.

Rubrica: toda informação anotada no roteiro para orientar o trabalho da produtora.

Secundagem: tempo, em segundos, de um take, uma cena ou um filme.

Sequência: uma série de cenas.

Set: local de filmagem.

Shooting board: ilustração representativa dos planos de câmera de cada cena do filme.

Sinopse: narração breve. Síntese, apresentação concisa da história do roteiro.

Slogan: frase que resume o conceito ou posicionamento do produto anunciado.

Slow motion: câmera lenta.

Split screen: imagem partida na tela, mostrando dois acontecimentos separados ao mesmo tempo.

Spot: peça publicitária eletrônica, para televisão ou rádio.

Story line: síntese de uma história.

Storyboard: representação visual do roteiro, demonstrando as principais cenas ou tomadas.

Take: tomada. Gravação do momento em que se liga a câmera até que ela seja desligada.

Target: público-alvo, a quem uma campanha ou um produto se destinam.

Teaser: peça de apresentação de campanha em que a marca ou o produto não são identificados para gerar suspense e aumentar o impacto da campanha.

Teleprompter: equipamento usado para leitura de texto, pelos atores, durantes as cenas.

Temporalidade: localização de uma história no tempo.

Tilt: movimentação da câmera no sentido vertical.

Time code: formato de numeração dos quadros de um vídeo.

Travelling: câmera em movimento horizontal, acompanhando personagens ou veículos.

Trilha: longa pontuação musical.

Trilhos ou sliders: equipamentos para encaixe do carrinho no qual a câmera é fixada.

Video assist: monitor utilizado para acompanhamento do que está sendo filmado, pela equipe de filmagem.

Vinheta: curto trecho musical ou visual.

Zoom: efeito ótico de aproximação ou distanciamento do objeto.

Zoom in: aproximação da cena filmada.

Zoom out: distanciamento da cena filmada.

Bibliografia recomendada

BARRETO, Tiago. *Manual do roteiro para comerciais: transformando ideias em grandes filmes*. São Paulo: Editora Senac São Paulo, 3ª ed., 2015.

GROVE, Elliot. *130 projetos para você aprender a filmar*. São Paulo: Editora Europa, 2010.

MASCELLI, Joseph V. *Os cinco Cs da cinematografia: técnicas de filmagem*. São Paulo: Summus Editorial, 2010.

MATOS, Eugênio. *A arte de compor música para o cinema*. Brasília: Editora Senac Distrito Federal, 2014.

MOURA, Edgar. *50 anos luz, câmera e ação*. São Paulo: Editora Senac São Paulo, 2009.

WATTS, Harris. *On Camera: o curso de produção de filme e vídeo da* BBC. São Paulo: Summus Editorial, 1990.

SITES

REFERÊNCIAS e fichas técnicas dos comerciais disponíveis: http://adsoftheworld.com/.

Índice geral

Agentes de celebridades 40
Agradecimentos 9
Ajuste de figurino 130
Ajuste de figurino e maquiagem 146
Apresentação e fechamento 195
Aprovação da locação ou set e cenografia 104
Aprovação do cronograma de produção 108
Aprovação do elenco e distribuição de papéis 105
Assistente de direção 58
Atendimento 55, 58
Bibliografia recomendada 217
Casting 65
Cenografia 67, 117
Chegada da equipe completa 127
Chegada da equipe da agência e do cliente 132
Chegada do elenco 127
Chegada dos equipamentos 119
Claquete 142

Comercial publicitário (O) 17
Composição 188
Composição da cena (A) 151
Computação gráfica e animação 175
Comunicação no set 149
Conclusões 201
Construção do set de filmagem 90
Contratação da equipe 75
Contratação de seguros 85
Correção de cor 186
Cronometragem 148
Definição, contexto e desafios 17
Departamento de arte 115
Departamento de câmera ou de fotografia 113
Departamento de efeitos especiais 116
Departamento de sonorização 116
Desenvolvedores de bonecos 42
Dia de filmagem (O) 109
Diálogos 180
Digitalização de vídeo e som 186
Dinâmica da gravação (A) 141
Direção 113
Diretor de arte e redator 54
Diretor de cena 57
Diretor de computação gráfica ou diretor de animação 58
Diretor de criação 53
Diretor de RTV 54
Diretor em ação (O) 139
Dispensa de atores e desmontagem de cenário 134

Disponibilidade do produto do anunciante 70
Edição 189
Efeitos sonoros 35, 182
Efeitos visuais 107
Enquadramento 152
Ensaio 131
Equipe de filmagem (A) 111
Escolha da produtora (A) 23
Etapas da filmagem (As) 117
Etapas de realização 20
Figurino 66
Figurino e acessórios 106
Fluxograma da produção 203
Foco 159
Fotografia e iluminação 63
Gravação 132
Gravando 136
Iluminação 160
Interpretação do roteiro 60
Introdução 11
Locação de equipamentos 76
Locação ou produção de figurino 97
Locação ou produção de mobiliário e objetos 97
Locutor 36
Lugar do diretor (O) 141
Maquiagem 129
Mixagem 185
Montagem da iluminação 125
Movimentos de câmera 157

Música 172
Música de domínio público 34
Música já existente 32
Música original 30
Nota do editor 7
Objetivo do comercial 60
Obtenção de licenças e autorizações 78
Orçamento final 44
Ordem de comando 147
Ordem de filmagem das cenas 145
Outros profissionais envolvidos 58
Outros profissionais ligados a todos os departamentos 116
Parceiros da produtora 29
Pauta da reunião de pré-produção (A) 59
Pauta da reunião de produção (A) 101
Plano de filmagem 137
Policies do cliente 73
Pós-produção (A) 179
Preparação do set para as cenas 146
Pré-produção (A) 51
Produção 112
Produção (A) 99
Produção de mock-ups 76
Produção de som 171
Produtor 55
Produtor de áudio 59
Produtor executivo 56
Produtora de animação 39
Produtora de computação gráfica 37

Produtora de pós-produção 43
Produtora de som 29
Profissionais da agência envolvidos 53
Profissionais da produtora envolvidos 55
Profissionais envolvidos 100
Recebimento de refeições 126
Refeições 150
Reunião de pré-produção (A) 52
Reunião de produção (A) 100
Revisão do material captado 133, 148
Seleção de elenco 93
Seleção de locações ou reserva de estúdio 86
Shooting board 102
Silêncio 185
Som 162, 180
Storyboard 62
Sugestão de cronograma de produção 74
Tarefas da pré-produção (As) 75
Tempo para filmagem das cenas 145
Trilha branca 34
Trilha sonora 68, 106
Truques de filmagem e efeitos especiais 167
Via concorrência por orçamento 26
Via diretor de cena 24
Via repertório 24

Este livro foi composto com as fontes Zurich BT e ITC Novarese BT,
impresso em papel offset 90 g/m² no miolo e cartão supremo 250 g/m² na capa,
nas oficinas da Intergraf Indústria Gráfica Eireli, em março de 2016.